मकतूब

मक्तूब

पाओलो कोएलो

अनुवाद : मदन सोनी

MANJUL

मंजुल पब्लिशिंग हाउस

MANJUL
मंजुल पब्लिशिंग हाउस
कॉरपोरेट एवं संपादकीय कार्यालय
• द्वितीय तल, उषा प्रीत कॉम्प्लेक्स, 42 मालवीय नगर, भोपाल-462 003
विक्रय एवं विपणन कार्यालय
• सी-16, सेक्टर 3, नोएडा, उत्तर प्रदेश, 201301
वेबसाइट : www.manjulindia.com
वितरण केन्द्र
अहमदाबाद, बेंगलुरू, भोपाल, कोलकाता, चेन्नई,
हैदराबाद, मुम्बई, नई दिल्ली, पुणे

पाओलो कोएलो लिखित मूल अंग्रेजी पुस्तक *मक्तूब* का हिन्दी अनुवाद

Maktub by Paulo Coelho – Hindi Edition

यह हिन्दी संस्करण 2024 में पहली बार प्रकाशित

ISBN 978-93-5543-591-0

आवरण डिज़ाइन : जिम टियरनी
लेखक फ़ोटोग्राफ़ : ज़ेवियर गोंज़ालेज़

अनुवाद : मदन सोनी

मुद्रण व जिल्दसाज़ी : थॉमसन प्रेस (इंडिया) लिमिटेड

हे मैरी, तू जिसने बिना पाप गर्भधारण किया, हम जो तेरी शरण में हैं, प्रार्थना कर हमारे लिए। आमीन।

न्हा चीका, पेट्रीशिया केसे, एडिन्हो, और
अल्सीनो लेची नेतो के लिए

हे पिता, हे स्वर्ग और पृथ्वी के स्वामी,
मैं तुझे धन्यवाद देता हूँ कि तूने मनीषियों और दूरदर्शियों से इन चीज़ों को छिपाया और बच्चों के सामने उन्हें उजागर किया।

ल्यूक 10:21,केजेवी

शुरू करने से पहले

मक्तूब मशविरा देने वाली क़िताब नहीं है, यह अनुभवों का आदान-प्रदान है।

इनमें से ज़्यादातर तो मेरे गुरु की शिक्षाएँ हैं, जो उन्होंने मुझे उन ग्यारह वर्षों के दौरान दी हैं, जिन वर्षों में हमने एक-दूसरे को जाना है। दूसरी कहानियाँ मुझे मेरे दोस्तों या उन लोगों ने सुनाई हैं, जिनसे मैं सिर्फ़ एक बार मिला हूँ, लेकिन जो मुझे एक अविस्मरणीय संदेश देकर गए हैं। अंत में, वे क़िताबें हैं, जो मैंने पढ़ी हैं और वे कहानियाँ हैं - जैसा कि जेसुइट एंथोनी दे मेलो का कहना है - जिनका संबंध मानव प्रजाति की आध्यात्मिक विरासत से है।

मक्तूब का जन्म अल्सीनो लेची नेतो के एक फ़ोन से हुआ था, जो उस समय *फ़ोल्हा दे साओ पाओलो* कलर सप्लीमेंट के संपादक थे। तब मैं अमेरिका में था, और मैं तुरंत उनके प्रस्ताव पर राज़ी हो गया, हालाँकि मुझे ज़रा भी इल्म नहीं था कि मैं क्या लिखूँगा। चुनौती उत्तेजक थी और मैंने तय किया कि मैं इसका सामना करूँगा; आख़िर, जीवन का मतलब जोखिम उठाना ही तो है।

जब मुझे अहसास हुआ कि इसके लिए किस क़दर काम करना ज़रूरी है, तो मुझे कहना होगा कि मैंने लगभग हार मान ली थी। अपनी क़िताबों के प्रचार के सिलसिले में बार-बार की अपनी विदेश यात्राओं के साथ रोज़ यह कॉलम लिखना सचमुच बड़ी मुसीबत बन गया था, लेकिन सारे संकेत मुझसे यह लेखन जारी रखने को कह रहे थे : एक पाठक का ख़त, एक दोस्त की टिप्पणी, और एक स्त्री द्वारा अपने पर्स से अख़बार की कतरन निकालकर दिखाना।

धीरे-धीरे मैंने अपने लेखन को अधिक वस्तुनिष्ठ और स्पष्ट बनाना सीख लिया। मुझे बहुत सारी क़िताबों को फिर-से पढ़ना पड़ रहा था, जो ऐसा काम था, जिसे मैं हमेशा टालता रहता था, लेकिन इन कहानियों को फिर से पढ़ते हुए मुझे बेहद आनंद आ रहा था।

मैंने अपने गुरु के शब्दों पर ज़्यादा सावधानीपूर्वक ध्यान देना शुरू किया। मैंने अपने आस-पास की घटनाओं को यह क़िताब लिखने की एक और वजह के रूप में देखना शुरू कर दिया, और मुझे यह सब इतना समृद्ध लगा कि, आज, मैं इस दैनिक कार्य के लिए आभारी हूं।

इस संग्रह के लिए मैंने उन कहानियों को चुना है, जो 10 जून, 1993 से 11 जून, 1994 के बीच *फ़ोल्हा दे साओ पाओलो* में प्रकाशित हुई थीं। संग्रह में शामिल कुछ दूसरी कहानियाँ *मैन्युअल ऑफ़ द वॉरियर ऑफ़ लाइट* में प्रकाशित हुई थीं। *मक्तूब तथा वॉरियर ऑफ़ लाइट*, दोनों को *द अल्केमिस्ट* के साथियों के रूप में पढ़ा जा सकता है।

पाओलो कोएलो

एंथोनी दे मेलो ने अपनी कहानियों की एक क़िताब की भूमिका में लेखक की भूमिका के बारे में यह कहा है : ''उसका काम जुलाहे और रँगरेज़ का रहा है। वह सूत और धागे के लिए कोई श्रेय नहीं लेता।''

न ही मैं ऐसा करता हूँ।

– पाओलो कोएलो

मुसाफ़िर गाँव के बीच बैठा हुआ अपने सामने के सादगीपूर्ण मकान को देख रहा है। वह यहाँ अपने दोस्तों के साथ पहले भी आ चुका था, लेकिन तब उसका ध्यान मकान की शैली और उस कैटलन वास्तुशिल्पी की शैली के बीच की समानता की ओर गया भर था, जो बहुत पहले हुआ करता था और जिसने उस जगह कभी क़दम भी नहीं रखा था।

मकान रियो डि जेनेरो में काबो फ़्रिओ के क़रीब है, जो फेंके गए टूटे-फूटे टुकड़ों से निर्मित है। 1899 में इसके मालिक गेब्रिएल ने एक सपना देखा था, जिसमें एक देवदूत ने उससे कहा था, "टुकड़े-टुकड़े जोड़कर एक घर बनाओ।" गेब्रिएल ने चटखी हुई टाइलें, प्लेटें, आभूषण, और टूटे हुए बर्तन एकत्र करना शुरू कर दिया था। "हर टुकड़ा एक ख़ूबसूरत चीज़ में बदल गया था," गेब्रिएल अपने काम के बारे में कहता था। शुरू के चालीस सालों तक, स्थानीय लोगों को लगता था कि वह पागल है, लेकिन जब कुछ पर्यटकों को इस घर का पता लगा और उन्होंने वहाँ अपने दोस्तों को लाना शुरू किया, तो गेब्रिएल जीनियस बन गया। यह अनूठापन जल्दी ही समाप्त हो गया और गेब्रिएल एक बार फिर गुमनामी में चला गया था। तब भी उसने अपने मकान को बनाना जारी रखा और, जब वह 93 बरस का था, तब उसने काँच के आख़िरी टुकड़े को उसकी जगह पर रखा और मर गया।

मुसाफ़िर सिगरेट जलाता है और चुपचाप उसके कश खींचता रहता है। आज वह गेब्रिएल के मकान और एंतोनी गाउडी के स्थापत्य की समानता के बारे में नहीं सोच रहा है। वह उन तमाम टुकड़ों की ओर देख रहा है और अपने उस अस्तित्व के बारे में चिंतन कर रहा है, जो हर किसी के अस्तित्व की तरह तमाम घटनाओं के टुकड़ों से मिलकर बना है। ऐसी घटनाएँ, जो उसके साथ हुई हैं। एक बिंदु पर आकर हालाँकि वे सारे टुकड़े आकार लेने लगते हैं।

और मुसाफ़िर अपने हाथ में थामे गए काग़ज़ों को पढ़ता हुआ अपने अतीत के बारे में सोचने लगता है। ये टुकड़े भी तो उसके जीवन के हैं : वे अनुभव, जिनसे वह गुज़रा है, क़िताबों के अविस्मरणीय अंश, उसके गुरु की शिक्षाएँ, दोस्तों और दूसरे लोगों द्वारा सुनाई गई कहानियाँ और अपने समय तथा अपनी पीढ़ी के सपनों पर चिंतन।

ठीक उस आदमी की तरह, जिसने सपना देखा था कि एक देवदूत उसके पास आया था और फिर उसने वह मकान बनाना शुरू कर दिया था, जिसकी ओर मुसाफ़िर अभी देख रहा है, वह उन काग़ज़ों को सिलसिलेवार ढंग से जमाने लगता है, ताकि वह अपने आध्यात्मिक स्थापत्य को समझ सके। वह बचपन में मालबा तहान की क़िताब *मक्तूब!* के पढ़े जाने को याद करता है और सोचता है :

''मुझे भी शायद वही करना चाहिए।''

गुरु कहते हैं :

जब हम यह महसूस करते हैं कि बदलाव का समय आ चुका है, हम – अवचेतन ढंग से – उस टेप को फिर से चलाना शुरू कर देते हैं, जो हमारी अब तक की नाकामयाबियों को दर्शाता है।

और हाँ, जब हमारी उम्र बढ़ने लगती है, तो मुश्किल पलों का हमारा हिस्सा भी बढ़ने लगता है, लेकिन इसी के साथ-साथ, तजुर्बे ने हमें इन पराजयों से ऊपर उठने और उस रास्ते को खोजने के साधन उपलब्ध कराए हैं, जो हमें आगे बढ़ते रहने की गुंजाइश देंगे। हमें उसे भी अपने दिमाग़ के वीडियो में शामिल करने की ज़रूरत है।

अगर हम सिर्फ़ अपनी नाकामयाबियों का वीडियो देखते रहेंगे, तो हम निष्क्रिय होकर रह जाएँगे और कुछ भी करने में असमर्थ होंगे। अगर हम सिर्फ़ अपनी कामयाबियों का वीडियो देखते रहेंगे, तो हम अंत में यही सोचते हुए पाए जाएँगे कि हम उससे कहीं ज़्यादा अक़्लमंद हैं, जितने कि हम वास्तव में हैं।

हमारे लिए दोनों वीडियो ज़रूरी हैं।

एक इल्ली की कल्पना करें। वह ऊपर परिंदों को देखती हुई अपना ज़्यादातर वक़्त ज़मीन पर बिताती है और अपनी तक़दीर और काया, दोनों को लेकर नाराज़गी से भर उठती है। वह सोचती है, ''मैं बेहद घृणित जीव हूँ, बदसूरत, घिनौनी, और ज़मीन पर रेंगते रहने के लिए अभिशप्त।''

लेकिन एक दिन कुदरत उससे एक कोश (ककून) बनाने को कहती है। इल्ली बेहद चिंतित हो उठती है, क्योंकि उसने पहले कभी कोश नहीं बनाया। वह कल्पना करती है कि वह अपनी क़ब्र तैयार कर रही है और मरने को तैयार हो जाती है। तब भी, अपने अब तक के जीवन को लेकर नाराज़गी से भरी हुई, वह एक बार फिर परमेश्वर से शिकायत करती है :

''मैं आख़िरकार, जैसी भी मैं हूँ, वैसा जीवन जीने की आदत डाल ही रही थी कि तूने मेरा वह थोड़ा-सा सुख भी छीन लिया।''

उदासी से भरकर वह ख़ुद को कोश में बंद कर लेती है और अपने अंत का इंतज़ार करने लगती है।

लेकिन, कुछ दिनों बाद वह पाती है कि वह एक ख़ूबसूरत तितली में बदल गई है। वह हवा में उड़ सकती है और इंसानों की सराहना हासिल कर सकती है। उसके जीवन ने जो दिशा ली है, उससे और परमेश्वर की योजना से वह चकित है।

पाओलो कोएलो

एक अजनबी स्केटिस मठ के मठाधीश से मिलने गया।

''मैं एक बेहतर जीवन जीना चाहता हूँ, लेकिन मैं पापपूर्ण विचारों को मन में आने से रोक नहीं पाता हूँ,'' उसने कहा।

मठाधीश ने देखा कि बाहर तेज़ हवाएँ चल रही हैं, इसलिए उसने अजनबी से कहा :

''यहाँ बहुत गर्मी है। क्या तुम इस कमरे को ठंडा करने के लिए बाहर से थोड़ी-सी हवा लेकर आ सकते हो?''

''यह असंभव है,'' अजनबी ने कहा।

''उतना ही असंभव है, जितना ऐसे विचारों को दिमाग़ में आने से रोकना, जो परमेश्वर को ठेस पहुँचाते हैं,'' मठाधीश ने कहा। ''लेकिन अगर तुम प्रलोभनों को ना कह सको, तो वे विचार तुम्हें परेशान नहीं करेंगे।''

गुरु कहते हैं :

जब भी कोई निर्णय लेने की स्थिति हो, तब सबसे अच्छा यह है कि आगे बढ़ो और नतीजों को स्वीकार करो। वे नतीजे क्या हो सकते हैं, यह तुम पहले से नहीं जान सकते।

शगुन विचारने की कला का उद्देश्य मानवता को सलाह देना था, न कि भविष्य का पूर्वानुमान करना। शगुन विचार एक उत्कृष्ट सलाहकार है, लेकिन भयानक भविष्यवक्ता है।

ईसा मसीह ने हमें जो प्रार्थना सिखाई है, उसमें वे कहते हैं : ''परमेश्वर की इच्छा पूरी होगी।'' जब भी कभी वह इच्छा हमारे सामने कोई समस्या पैदा करती है, वह हमेशा अपने साथ उसका समाधान लेकर आती है।

अगर शगुन विचारने की कला भविष्य को देखने में सफल रही होती, तो शगुन विचार करने वाला हर व्यक्ति धनी, विवाहित और संतुष्ट होता।

पाओलो कोएलो

शिष्य अपने गुरु से मिलने गया :

"मुझे ज्ञान प्राप्ति की खोज करते हुए अब वर्षों हो चुके हैं," उसने कहा। "मुझे लगता है कि मैं उसके बहुत क़रीब हूँ, लेकिन मैं जानना चाहता हूँ कि मेरा अगला क़दम क्या होना चाहिए।"

"तुम अपनी आजीविका कैसे कमाते हो?" गुरु ने पूछा।

"मुझे अभी तक आजीविका कमाने की ज़रूरत नहीं पड़ी, क्योंकि मेरे माता-पिता हमेशा मेरा पालन-पोषण करते रहे, लेकिन यह तो महज़ एक तफ़सील है।"

"तुम्हारा अगला क़दम है, आधा मिनट तक सूरज की ओर देखना," गुरु ने कहा।

शिष्य ने आज्ञा का पालन किया।

जब उसने वैसा कर लिया, जैसा करने को उससे कहा गया था, तब गुरु ने उससे उसके आस-पास के देहाती दृश्य का वर्णन करने को कहा।

"मैं कुछ भी नहीं देख पा रहा हूँ, क्योंकि सूरज ने मुझे अंधा कर दिया है," शिष्य ने कहा।

"जो आदमी केवल प्रकाश को खोजता है और अपनी बाक़ी ज़िम्मेदारियाँ दूसरों को सौंप देता है, वह कभी ज्ञान प्राप्त नहीं कर सकता। जो आदमी अपनी नज़रों को सिर्फ़ सूरज पर टिकाए रखता है, उसका हश्र अंधा हो जाना ही होगा," गुरु ने कहा।

एक आदमी पायरेनीज़ की घाटी में चला जा रहा था कि तभी उसे एक बूढ़ा गड़रिया मिला। उसने गड़रिये के साथ अपना भोजन साझा किया, और फिर वे देर तक जीवन के बारे में बातचीत करते रहे।

आदमी ने कहा कि अगर वह परमेश्वर में विश्वास करेगा, तो उसे इस बात पर भी विश्वास करना होगा कि उसकी कोई स्वतंत्र इच्छा नहीं है, क्योंकि परमेश्वर ही उसके हर क़दम को नियंत्रित करेगा।

तब गड़रिया उसे एक पहाड़ी के दर्रे पर ले गया, जहाँ हर आवाज़ एकदम साफ़ प्रतिध्वनि के रूप में उनके पास वापस लौट आती थी।

''जीवन इस पहाड़ी के दर्रे की दीवारों की तरह है और भाग्य हर व्यक्ति की पुकार है,'' गड़रिये ने कहा। ''हम जो कुछ भी करेंगे, वह परमेश्वर के हृदय तक जाएगा और फिर इसी तरह हमारे पास लौट आएगा। परमेश्वर हमारे कृत्यों की प्रतिध्वनि के रूप में आचरण करता है।''

पाओलो कोएलो

मक्तूब का मतलब है "यह लिखा हुआ है"। हालाँकि, अरबी बोलने वालों के लिए यह बहुत अच्छा अनुवाद नहीं है, क्योंकि अगर सब कुछ पहले से लिखा हुआ है, तब भी परमेश्वर दयालु है, और वह अपनी क़लम और स्याही का इस्तेमाल हमारी मदद के लिए करता है।

मुसाफ़िर न्यू यॉर्क में है। जब वह जागता है, तो उसे एक मुलाक़ात के लिए देर हो चुकी होती है, और जब वह सड़क पर पहुँचता है, तो पाता है कि उसकी कार को पुलिस उठा ले गई है।

वह मीटिंग में देर से पहुँचता है, लंच ज़रूरत से ज़्यादा लंबा खिंच जाता है, और वह जुर्माने को लेकर चिंतित है। उसे भारी क़ीमत चुकानी होगी। अचानक, उसे वह डॉलर याद आता है, जो उसे कल पड़ा हुआ मिला था। वह उस डॉलर और सुबह की घटना के बीच मूर्खतापूर्ण संबंध बैठाता है। "शायद मैंने वह डॉलर उस व्यक्ति को मिलने से पहले उठा लिया था, जिसके लिए वह था। शायद मैंने उसे उस व्यक्ति के रास्ते से हटा लिया था, जिसे वाक़ई उसकी ज़रूरत थी। शायद मैंने उस चीज़ में दख़लंदाज़ी की थी, जो लिखा हुआ था।"

वह उस डॉलर से मुक्ति पाना चाहता है, और, उसी पल उसे फ़ुटपाथ पर बैठा एक भिखारी दिख जाता है। वह जल्दी-से वह डॉलर भिखारी को पकड़ा देता है।

''एक सेकंड रुकिए,'' भिखारी कहता है। ''मैं कवि हूँ, और मैं इस डॉलर के बदले आपको एक कविता सुनाना चाहता हूँ।''

''संक्षेप में सुना दो, क्योंकि मैं जल्दी में हूँ,'' मुसाफ़िर कहता है।

भिखारी कहता है :

''अगर तुम अभी तक जीवित हो, तो इसलिए कि तुम अभी तक उस जगह नहीं पहुँचे हो, जहाँ तुम्हें पहुँच जाना चाहिए था।''

शिष्य ने अपने गुरु से कहा :

''मैंने अपने दिन का ज़्यादातर समय उन बातों को सोचते हुए बिताया है, जो मुझे नहीं सोचनी चाहिए, उन चीज़ों की आकांक्षा करते हुए बिताया है, जिनकी आकांक्षा मुझे नहीं करनी चाहिए, और वे योजनाएँ बनाते हुए बिताया है, जो मुझे नहीं बनानी चाहिए।''

गुरु ने शिष्य को अपने घर के क़रीब चहलक़दमी के लिए आमंत्रित किया। रास्ते में उसने एक पौधे की ओर इशारा करते हुए शिष्य से पूछा कि क्या वह उस पौधे के बारे में जानता है।

''बेलाडोना,'' शिष्य ने कहा। ''अगर आप इसकी पत्तियाँ खा लें, तो यह आपकी जान ले सकता है।''

''लेकिन अगर तुम उसकी ओर देखो भर, तो वह तुम्हारी जान नहीं ले सकता,'' गुरु ने कहा। ''इसी तरह, जब तक तुम नकारात्मक विचारों के मोह में नहीं पड़ते, तब तक वे विचार तुम्हें नुक़सान नहीं पहुँचा सकते।''

पर्वतों की एक शृंखला फ़्रांस और स्पेन को अलग करती है। उन पहाड़ियों की तराई में अर्फ़ेलिस नामक एक गाँव है, और उस गाँव में एक पहाड़ी है, जो घाटी तक जाती है।

हर दोपहर में एक बूढ़ा उस पहाड़ी पर चढ़ता और उतरता है।

जब वह मुसाफ़िर पहली बार अर्फ़ेलिस गया था, तब उसने वाक़ई इस ओर ध्यान नहीं दिया था। दूसरी बार, उसने ध्यान दिया कि वह हमेशा उसी बूढ़े के पास से गुज़रता था। और हर बार जब भी वह गाँव गया, उसका ध्यान कुछ और बारीकियों पर गया : उस आदमी के कपड़े, उसकी टोपी, उसकी छड़ी, उसका चश्मा। अब, जब भी कभी वह उस गाँव के बारे में सोचता है, वह उस बूढ़े के बारे में भी सोचता है, जो निश्चय ही इस सब से बेख़बर है।

मुसाफ़िर ने केवल एक बार उससे बात की थी, जब उसने उससे मज़ाक़िया लहज़े में पूछा था :

''क्या आपको लगता है कि हमारे चारों ओर फैली इन ख़ूबसूरत पहाड़ियों में परमेश्वर रहता है?''

बूढ़े ने जवाब दिया था, ''परमेश्वर हर उस जगह रहता है, जहाँ लोग उसे रहने की गुंजाइश देते हैं।''

एक रात गुरु अपने शिष्यों से मिला और उसने उनसे एक अलाव जलाने को कहा, ताकि वे उसके चारों ओर बैठकर बतिया सकें।

''आध्यात्मिक मार्ग उस आग की तरह है,'' उसने कहा। ''अलाव जलाने वाले हर व्यक्ति को पहले उस ढेर सारे भयानक धुएँ को बर्दाश्त करना होता है, जो उसके फेंफड़ों में जलन पैदा करता है और उसकी आँखों से पानी बहने लगता है। अपनी आस्था की पुनः खोज बिलकुल वैसी ही है, लेकिन जैसे ही अलाव जल उठता है, धुआँ ग़ायब हो जाता है और लपटें हर चीज़ को रोशन कर देती हैं और हमें गरमाहट और शांति प्रदान करती हैं।''

''और अगर कोई दूसरा हमारे लिए अलाव जला देता है, तब?'' एक शिष्य ने पूछा। ''और अगर कोई व्यक्ति धुएँ को टालने में हमारी मदद करता है, तब?''

''जो भी कोई ऐसा करता है, वह सच्चा गुरु नहीं है, क्योंकि वह आग को जहाँ कहीं भी चाहे, ले जा सकता है, या जब कभी चाहे उसे बुझा सकता है। और चूँकि उसने किसी को भी आग जलाना नहीं सिखाया होता है, वह सारी दुनिया को आसानी-से अँधेरे में छोड़ सकता है।

मेरी एक दोस्त ने अपने तीनों बच्चों को लेकर कैनेडा के एक दूरस्थ इलाक़े के एक फ़ार्म में रहने का निश्चय किया।

वह ख़ुद को पूरी तरह आध्यात्मिक ध्यान के लिए समर्पित कर देना चाहती थी।

एक वर्ष से कम समय बीता होगा कि उसे इश्क़ हो गया, उसने दोबारा विवाह कर लिया, संतों की ध्यान की तकनीकों का अध्ययन किया, अपने बच्चों के लिए स्कूल बनाने का अभियान चलाया, दोस्त बनाए, दुश्मन बनाए, अपने दाँतों के प्रति लापरवाही बरती। उसके फोड़ा हो गया, बर्फ़ीले तूफ़ान के बीच एक व्यक्ति से लिफ़्ट ली। अपनी कार को सुधारना, पाइपों से बर्फ़ हटाना, निर्वाह-धन को महीने के अंत तक चलाना, सरकारी लाभों से जीवनयापन करना, गरमाहट से वंचित मकान में सोना, अकारण हँसना, हताशा के आँसू बहाना उसने सीख लिया। उसने एक छोटा चर्च बनाया, घर के चारों ओर सजावट करना, दीवारें पोतना, और आध्यात्मिकता के कोर्स पढ़ना सीख लिया।

''मुझे यह बात समझ में आ गई कि प्रार्थना के जीवन का मतलब अलग-थलग रहकर जीवन बिताना नहीं है,'' वह कहती है। ''परमेश्वर का प्रेम इतना अधिक है कि उसे साझा करना ज़रूरी है।''

“जब तुम पहली बार अपने मार्ग पर चलोगे, तुम्हें एक दरवाज़ा मिलेगा, जिस पर कुछ शब्द उकेरे गए होंगे,” गुरु कहते हैं। “वापस आकर मुझे बताना कि वे शब्द क्या हैं।”

शिष्य जी-जान लगाकर उस दरवाज़े की तलाश करता है। एक दिन उसे वह दिख जाता है और वह अपने गुरु के पास लौट आता है।

“रास्ते की शुरुआत में, संकेत कहता था : यह असंभव है।”

“वह कहाँ लिखा हुआ था, किसी दीवार पर या दरवाज़े पर?” गुरु पूछता है।

“दरवाज़े पर,” शिष्य कहता है।

“ठीक है, हैंडल घुमाओ और दरवाज़ा खोलो।”

शिष्य आज्ञा का पालन करता है। चूँकि वे शब्द दरवाज़े पर लिखे हुए हैं, इसलिए वे दरवाज़े के सरकने के साथ ख़ुद भी सरक जाते हैं और जब दरवाज़ा पूरी तरह खुल जाता है, तो शिष्य को वे शब्द दिखाई नहीं देते और इसलिए वह अपने रास्ते पर चलना जारी रखता है।

गुरु कहते हैं :

अपनी आँखें बंद करो। नहीं, तुम्हें अपनी आँखें भी बंद करने की ज़रूरत नहीं है। सिर्फ़ इस दृश्य की कल्पना करो : परिंदों का एक झुंड उड़ रहा है। ठीक है, मुझे बताओ, तुम्हें कितने परिंदे दिखाई दे रहे हैं। पाँच? ग्यारह? सत्रह?

तुम्हारा जवाब जो भी हो और यूँ भी ठीक-ठीक संख्या बताना किसी के लिए भी मुश्किल है। इस छोटे से प्रयोग से एक बात स्पष्ट है। तुम पक्षियों के झुंड की कल्पना करने में पूरी तरह सक्षम हो, लेकिन परिंदों की संख्या तुम्हारे नियंत्रण में नहीं थी। और तब भी दृश्य बहुत स्पष्ट और निश्चित और ठीक-ठीक था। सवाल का जवाब कहीं और है।

यह फ़ैसला किसने किया था कि दृश्य में कितने परिंदे प्रकट होंगे? तुमने नहीं।

एक आदमी ने एक संन्यासी से मिलने का निश्चय किया, जो स्केटिस मठ के क़रीब रहता था। रेगिस्तान में निरुद्देश्य भटकने के बाद, आख़िर उसे वह मिल गया।

"मैं जानना चाहता हूँ कि अध्यात्म के मार्ग पर मेरा पहला क़दम क्या होना चाहिए," उसने कहा।

संन्यासी उसे पानी के छोटे-से कुंड के पास ले गया और उससे कहा कि वह पानी में अपना प्रतिबिंब देखे। आदमी ने वैसा ही किया, लेकिन संन्यासी ने पानी में पत्थर फेंकने शुरू कर दिए, जिससे पानी की सतह पर तरंगें उठने लगीं।

"अगर आप इसी तरह पानी में पत्थर फेंकते रहे, तो मैं अपना चेहरा स्पष्ट तौर पर नहीं देख पाऊँगा।"

"ठीक जिस तरह किसी आदमी के लिए अस्थिर पानी में अपना चेहरा देखना असंभव है, उसी तरह अगर दिमाग़ खोज पर बहुत ज़्यादा केंद्रित होगा, तो परमेश्वर को खोजना मुश्किल होगा," संन्यासी ने कहा। "यही पहला क़दम है।"

जिस दौरान मुसाफ़िर जेऩ बौद्ध ध्यान का अभ्यास कर रहा था, एक ऐसा क्षण आया, जब गुरु डोजो के एक कोने में गया और वहाँ से बाँस की एक छड़ी घुमाता हुआ वापस लौट आया।

कुछ छात्र ध्यान पर एकाग्र होने में विफल रहे थे। उन्होंने अपने हाथ ऊपर उठाए और गुरु ने उनमें से हर एक के कंधे पर तीन बार छड़ी मारी।

शुरू में यह एक मध्ययुगीन बेहूदगी प्रतीत होती थी।

बाद में, मुसाफ़िर को अहसास हुआ कि कभी-कभी आध्यात्मिक पीड़ा को शारीरिक स्तर पर ले आना ज़रूरी हो जाता है, ताकि आप उससे होने वाली क्षति को वास्तव में महसूस कर सकें। सेंटियागो के रास्ते पर उसने एक और अभ्यास सीखा, जिसमें मन में ग़लत विचार आने पर अँगूठे में तर्जनी का नाख़ून चुभाना होता था।

अक्सर ग़लत विचारों के भयानक परिणामों को लक्ष्य करने में बहुत समय लग जाता है। जब हम ऐसे विचारों को शारीरिक पीड़ा में व्यक्त होते पाते हैं, तब हमें उनके द्वारा पहुँचाई गई क्षति समझ में आती है।

और हम उनसे दूर रहना शुरू कर देते हैं।

बत्तीस साल का एक मरीज़ रिचर्ड क्रॉले नामक चिकित्सक के पास गया।

''मैं अपना अँगूठा चूसना बंद नहीं कर पाता हूँ,'' उसने कहा।

''चिंता मत करो,'' क्रॉले ने कहा, ''लेकिन सप्ताह के हर दिन एक भिन्न अँगुली चूसने की कोशिश करो।''

उस पल के बाद से, जब भी वह मरीज़ अपना हाथ मुँह की ओर ले जाता, उसे चुनना पड़ता था कि उस दिन उसे कौन-सी अँगुली चूसना है। हफ़्ता भर भी नहीं हुआ कि वह चंगा हो गया।

''जब कोई चीज़ आदत बन जाती है, तो उससे निपटना मुश्किल होता है,'' रिचर्ड क्रॉले कहते हैं। ''लेकिन, जब ये चुनौतियाँ हमसे नया रवैया अपनाने की, नए फ़ैसले और चुनाव करने की माँग करने लगती हैं, तब हमें अहसास होता है कि बुरी आदतें दूर करने के लिए कोई उद्यम ज़रूरी नहीं है।''

पाओलो कोएलो

प्राचीन रोम में, जादूगरनियों के सीबिल्स नामक एक समूह ने रोम के बारे में भविष्यवाणी करने वाली नौ क़िताबें लिखीं। वे उन क़िताबों को लेकर रोमन सम्राट तिबेरियस के पास गईं।

''इनकी कितनी क़ीमत है?'' तिबेरियस ने पूछा।

''सोने के सौ सिक्के,'' सीबिल्स ने जवाब दिया।

नाराज़ होकर सम्राट ने उन्हें दूर भगा दिया। सीबिल्स ने उनमें से तीन क़िताबों को जला दिया और वापस लौट आईं।

''उनकी क़ीमत अभी भी सोने के सौ सिक्कों के बराबर है,'' उन्होंने कहा। तिबेरियस हँस पड़ा, लेकिन उसने उनकी पेशकश को ठुकरा दिया : छह क़िताबों के लिए वही क़ीमत क्यों दी जाए, जितनी वह नौ के लिए देता?

सीबिल्स ने तीन और क़िताबों को जला दिया और बाक़ी तीन लेकर लौट आईं :

''उनकी क़ीमत अभी भी सोने के सौ सिक्कों के बराबर है,'' उन्होंने कहा।

अब तक तिबेरियस की उत्सुकता बढ़ चुकी थी, और अंतत: उसने पूरी क़ीमत चुकाई, सिवाय इसके कि तब वह अपने साम्राज्य के बारे में की गई भविष्यवाणियों में से केवल कुछ ही को पढ़ सकता था।

गुरु कहते हैं :

जीवन की कुछ कला यह जानने में है कि किन्हीं भी अवसरों के प्रस्तुत होने पर उनको लेकर मोल-भाव नहीं करना चाहिए।

ये शब्द रूफुस जोंस ने लिखे थे, जिन्हें बीसवीं सदी के अत्यधिक प्रभावशाली क्वेकर में गिना जाता था।

''बहाने के तौर पर इस विचार के साथ कि मैं परमेश्वर तक पहुँचना चाहता हूँ, बावेल की नई मीनारें खड़ी करने में मेरी कोई दिलचस्पी नहीं है।''

''वे मीनारें घृणित हैं; उनमें से कुछ कंक्रीट और ईंटों की बनी हुई हैं, कुछ पवित्र ग्रंथों के ढेरों से बनी हैं। कुछ का निर्माण प्राचीन अनुष्ठानों से हुआ था, और कई का निर्माण परमेश्वर के अस्तित्व को साबित करने वाले नए वैज्ञानिक प्रमाणों से किया गया है।''

''ये सभी मीनारें, जिन पर अँधेरे, एकांत तल से चढ़ना होता है, हमें पृथ्वी का कोई नज़ारा तो दिखा सकती हैं, लेकिन वे स्वर्ग तक नहीं ले जातीं।''

''वही भाषाओं और भावनाओं का पुराना भ्रम हमारे हाथ लगता है।''

''परमेश्वर तक पहुँचाने वाले पुल हैं - आस्था, प्रेम, आनंद और प्रार्थना।''

नाज़ी जर्मनी में यहूदियों को आध्यात्मिक साँत्वना पहुँचाने के लिए उनके दो रब्बी भरसक कोशिश कर रहे थे। अपने जीवन को लेकर निरंतर भय की अवस्था में जीने के बावजूद वे दो वर्षों तक अपना पीछा करने वालों की नज़रों से बचते रहे और विभिन्न यहूदी समुदायों के बीच जाकर धार्मिक अनुष्ठान संपन्न करते रहे।

अंत में वे पकड़े गए। उनमें से एक रब्बी इस आशंका से भयभीत था कि उनके साथ न जाने क्या होगा, वह सारे समय प्रार्थना करता रहता। दूसरा रब्बी सारा दिन सोते हुए बिताता।

''तुम इतना ज़्यादा क्यों सो रहे हो?'' भयभीत रब्बी ने पूछा।

''अपनी ऊर्जा को बचाने के लिए, क्योंकि मैं जानता हूँ कि मुझे उसकी ज़रूरत पड़ने वाली है,'' दूसरे रब्बी ने कहा।

''क्या तुम्हें डर नहीं लग रहा है? क्या तुम्हें यह नहीं पता कि हमारे साथ क्या हो सकता है?''

''*मैं तब तक डरा हुआ था,* जब तक उन लोगों ने हमें जेल में नहीं डाला था। अब मैं एक क़ैदी हूँ, जो कुछ हो चुका है, उसको लेकर डरना क्या? डरने का समय बीत चुका है, अब तो उम्मीद के समय की शुरुआत हुई है।''

पाओलो कोएलो

गुरु कहते हैं :

"मैं नहीं करना चाहता।" हमें इन शब्दों को थोड़े संदेह के साथ देखना चाहिए।

वे कौन-से काम हैं, जो हम इसलिए नहीं करना चाहते, क्योंकि हम उन्हें करना ही नहीं चाहते और वे कौन-से काम हैं, जिन्हें हम महज़ इसलिए नहीं करना चाहते कि वे हमें बहुत जोखिम भरे लगते हैं?

एक उदाहरण है : अजनबियों से बात करना। वह चाहे वास्तविक वार्तालाप हो, संक्षिप्त बातचीत हो, या दिली बातचीत हो, हम अजनबियों से बिरले ही बतियाते हैं।

और हमें हमेशा लगता है कि "यही ठीक था।"

हमारा हश्र यही होता है कि हम न तो जीवन की मदद कर पाते हैं, न उसकी मदद हासिल कर पाते हैं।

दूसरों से दूरी बनाकर रखना अधिक महत्त्वपूर्ण, अधिक आत्मविश्वासपूर्ण प्रतीत होता है, हालाँकि, व्यवहार में हम अपने देवदूत की आवाज़ को इस बात की गुंजाइश नहीं दे रहे होते हैं कि वह दूसरों की ज़ुबान से ख़ुद को प्रकट करे।

एक बार एक बूढ़े संन्यासी को अपने ज़माने के सबसे अधिक शक्तिशाली राजा के यहाँ आमंत्रित किया गया।

"मुझे ऐसे इंसान से ईर्ष्या है, जो इतने थोड़े में संतुष्ट हो सकता है," राजा ने कहा।

"मुझे महाराजा से ईर्ष्या होती है, जो मुझसे भी कम में संतुष्ट हो सकते हैं," संन्यासी ने जवाब दिया।

"आप यह कैसे कह सकते हैं, जबकि यह पूरा देश मेरा है?" राजा ने किंचित अप्रसन्न भाव से कहा।

"ठीक इसी वजह से," बूढ़े ने कहा। मेरे पास अलौकिक संगीत है, मेरे पास सारी दुनिया की नदियाँ और पर्वत हैं, मेरे पास चंद्रमा और सूरज हैं, क्योंकि मेरी आत्मा में परमेश्वर मौजूद है। दूसरी ओर, महाराजा के पास सिर्फ़ यह राज्य है।"

“चलो, हम उस पर्वत पर चलते हैं, जहाँ परमेश्वर रहता है,” एक योद्धा ने अपने साथी योद्धा से कहा। “मैं साबित करना चाहता हूँ कि उसने केवल इतना ही किया है कि *हमसे* काम करने को कहा है, जबकि उसने हमारा बोझ हल्का करने के लिए कभी कुछ नहीं किया।”

“मैं तो वहाँ अपनी आस्था दर्शाने जाऊँगा,” दूसरे योद्धा ने कहा।

जब वे पर्वत के शिखर पर पहुँचे, तब तक रात हो चुकी थी, और उन्हें अँधेरे में एक आवाज़ सुनाई दी :

“अपने घोड़ों पर वापस सवार हो जाओ, लेकिन वे जो पत्थर ज़मीन पर पड़े हैं, उन्हें उठा लो!”

“देखा, तुमने?” पहले योद्धा ने कहा। “हम इतनी दूर से आए हैं, और अब वह चाहता है कि हम कुछ और वज़न ढोएँ। ख़ैर, मैं यह नहीं करूँगा!”

“दूसरे योद्धा ने वही किया, जैसा उस आवाज़ ने निर्देश दिया था। जब तक वे पहाड़ी के नीचे पहुँचे, सुबह हो रही थी, और सूर्य की शुरुआती किरणें उन पत्थरों पर झिलमिला रही थीं, जिन्हें वह श्रद्धालु योद्धा अपने साथ ले आया था। वे हीरे थे।

गुरु कहते हैं :

परमेश्वर अजीबो-ग़रीब निर्णय ले सकता है, लेकिन वे हमेशा तुम्हारे हित में होते हैं।

गुरु कहते हैं :

मेरे प्यारे दोस्त, मेरे पास कोई ऐसी ख़बर है, जो हो सकता है, तुमने न सुनी हो। मैं सोचता हूँ कि मुझे हालात को कोमल बनाकर पेश करना चाहिए और ख़बर को उज्जवल रंग देकर उसे स्वर्ग के आश्वासन, परम सत्ता के दृश्यों और दूसरी गूढ़ व्याख्याओं से भर देना चाहिए, लेकिन, बावजूद इसके कि इन सारी चीज़ों का अस्तित्व है, वे फ़िलहाल प्रासंगिक नहीं हैं।

गहरी साँस लो और ख़ुद को तैयार करो। मुझे दो टूक बात करनी चाहिए, और मैं तुम्हें आश्वस्त कर सकता हूँ कि मैं जानता हूँ कि मैं जो भी कहने जा रहा हूँ, वह सच है। यह एक अचूक पूर्वानुमान है, जिसमें ग़लती की कोई गुंजाइश नहीं है।

ख़बर यह है : तुम मरने वाले हो।

यह कल हो सकता है, या पचास साल में, लेकिन आगे-पीछे तुम मर जाओगे। भले ही तुम न चाहो। भले ही तुम्हारी कोई दूसरी योजनाएँ हों।

सावधानीपूर्वक विचार करो कि तुम आज क्या करोगे। और कल। और अपने बाक़ी दिनों में।

अफ़्रीका के केंद्र में स्थित अपने गंतव्य तक पहुँचने को उत्सुक एक गोरे खोजी ने, अपने स्थानीय वाहकों को अतिरिक्त भुगतान किया, ताकि वे और भी तेज़ी-से चलें। उन्होंने कई दिनों तक वैसा ही किया।

लेकिन, एक दोपहर, वे सब ज़मीन पर बैठ गए, उन्होंने वे पोटलियाँ नीचे रख दीं, जिन्हें वे ढो रहे थे, और उन्होंने आगे बढ़ने से इंकार कर दिया। खोजी ने उन्हें कितना भी पैसा देने की पेशकश की, लेकिन उन्होंने चलने से इंकार कर दिया। जब उसने अंतत: उनसे उनके इस व्यवहार की वजह पूछी, तो उसे यह जवाब मिला :

''हम इतनी तेज़ रफ़्तार से चलते रहे हैं कि अब हमें यह भी नहीं मालूम कि हम कर क्या रहे हैं। अब हमें इंतज़ार करने की ज़रूरत है, ताकि हमारी आत्माएँ हम तक पहुँच सकें।''

पाओलो कोएलो

हमारी लेडी, शिशु ईसा को अपने हाथों में लिए एक मठ में जाने के लिए पृथ्वी पर उतरीं।

भिक्षु उनके सम्मान में गर्वपूर्वक कतार बनाकर खड़े हो गए : एक भिक्षु ने कुछ कविताओं का पाठ किया, दूसरे भिक्षु ने उन्हें बाइबल के लिए कुछ सुंदर सजावटें दिखाईं, वहीं कुछ दूसरे भिक्षुओं ने सारे संतों के नामों का वाचन किया।

कतार के अंत में एक विनम्र भिक्षु खड़ा था, जिसे अपने वक़्त के संतों से शिक्षा प्राप्त करने का अवसर नहीं मिला था।

उसके अभिभावक साधारण लोग थे, जो सर्कस में काम करते थे। जब उसकी बारी आई, तो भिक्षुओं ने श्रद्धांजलि के उस कार्यक्रम को समेटने की कोशिश की, क्योंकि उन्हें लगा कि वह भिक्षु मठ के अपयश का कारण बनेगा।

लेकिन वह भी वर्जिन के प्रति अपना प्रेम प्रदर्शित करना चाहता था। अपने बंधुओं की अप्रसन्न निगाहों के बीच उसने शर्माते हुए अपनी जेबों से कुछ संतरे निकाले और उनके साथ बाजीगरी करने लगा, जो उसे उसके अभिभावकों ने सर्कस में सिखाई थी।

केवल तभी शिशु ईसा मुस्कराए और उन्होंने ख़ुश होकर तालियाँ बजाईं। केवल उसी की ओर वर्जिन ने अपने हाथ बढ़ाए, और पल भर के लिए शिशु ईसा को उसके हाथों में थमा दिया।

हर वक़्त सुसंगत बने रहने की कोशिश मत करो। जैसा कि संत पॉल का कहना है : इस जगत की प्रज्ञा परमेश्वर की नज़रों में बेवकूफ़ी है।''

सुसंगत होने का मतलब है, यह सुनिश्चित करना कि तुम्हारी टाई हमेशा तुम्हारे मोजों से मेल खाती हो। यह इस बात के लिए बाध्य महसूस करना है कि आज तुम्हारी जो धारणाएँ हैं, वे कल भी वैसी ही बनी रहें, लेकिन दुनिया निरंतर बदल रही है।

जब तक तुम किसी दूसरे को नुक़सान नहीं पहुँचाते, तब तक तुम जब-तब अपनी धारणा बदलते रहो, और बिना किसी संकोच के अपनी ही कही बातों को काटते रहो।

तुम्हें ऐसा करने का हक़ है। इससे कोई फ़र्क़ नहीं पड़ता कि दूसरे लोग क्या सोचते हैं, क्योंकि वे तो वही सोचेंगे, जो वे चाहते हैं।

इसलिए तनाव-मुक्त हो जाओ। विश्व को अपने चारों ओर घूमने दो, और ख़ुद को चकित करने का आनंद हासिल करो। ''परमेश्वर बुद्धिमानों को भ्रमित करने के लिए दुनिया की मूर्खतापूर्ण चीज़ों को चुनता है,'' संत पॉल कहते हैं।

मक्तूब

गुरु कहते हैं :

आज साधारण से हटकर कुछ करना अच्छा होगा।

उदाहरण के लिए, हम काम पर जाते हुए सड़क पर नाचते हुए चल सकते हैं। हम एक पूरी तरह अजनबी व्यक्ति की आँखों में झाँककर पहली निगाह में प्रेम के बारे में बात कर सकते हैं। हम अपने बॉस को कोई ऐसी बात सुझा सकते हैं, जो अपने में कितनी ही हास्यास्पद क्यों न लगे, लेकिन जिस पर हम विश्वास करते हों या ऐसा वाद्ययंत्र ख़रीद सकते हैं, जिसे हम हमेशा बजाना चाहते रहे हैं, लेकिन हमने उसे बजाने की कभी हिम्मत नहीं जुटाई। दूसरों को उम्मीद से भर देने वाले व्यक्ति ख़ुद को ऐसे दिनों की गुंजाइश देते हैं।

आज हम किसी प्राचीन दुख को लेकर रो सकते हैं, जो हमें अभी भी दुखी करता है। हम किसी ऐसे व्यक्ति को फ़ोन कर सकते हैं, जिससे दुबारा बात न करने की हम क़सम खा चुके हैं (लेकिन अपने वॉइसमेल पर एक संदेश छोड़ते हुए जिसकी आवाज़ सुनना हम पसंद करेंगे)। आज के दिन

को एक ऐसे दिन की तरह लिया जा सकता है, जो स्क्रिप्ट से अलग हो। ऐसी स्क्रिप्ट, जो हम हर सुबह अपने लिए तैयार करते हैं।

आज, सारी ग़लतियों की इजाज़त होगी और उन्हें माफ़ कर दिया जाएगा। आज जीवित होने को लेकर ख़ुश होने का दिन है।

वैज्ञानिक रोजर पेनरोज़ अपने एक दोस्त के साथ सड़क पर चले जा रहे थे। दोनों ही व्यक्ति उत्साहपूर्वक बातचीत करते जा रहे थे। सड़क पार करने के लिए वे पलभर के लिए चुप हो गए।

''मुझे याद है कि जब मैं सड़क पार कर रहा था, तो मेरे दिमाग़ में एक असाधारण बात आई थी,'' पेनरोज़ कहते हैं। ''लेकिन जैसे ही हम सड़क के उस पार पहुँचे और हमने वापस बातचीत करना शुरू किया, मैं उस बात को याद ही नहीं कर सका, जो कुछ ही सेकंड पहले मैंने सोची थी।''

बाद में उस दिन, पेनरोज़ को उत्साह की एक विचित्र-सी अनुभूति हुई, लेकिन वह समझ नहीं सके कि वह अनुभूति उन्हें क्यों हो रही थी।

''मुझे ऐसा लगा था कि मेरे मन में कोई महत्त्वपूर्ण चीज़ पैदा हुई थी,'' वह कहते हैं।

उन्होंने उस दिन की उन तमाम चीज़ों को याद किया, जो उनके साथ घटित हुई थीं। फिर उन्होंने ख़ामोशी के उस क्षण को याद किया, जब उन्होंने सड़क पार की थी, तो वह विचार वापस लौट आया। इस बार उन्होंने उसे लिख डाला।

वह उस ब्लैक होल के अस्तित्व से संबंधित उनका अपना सिद्धांत था, जो आधुनिक भौतिकी की दुनिया में एक वास्तविक क्रांति थी। और वह विचार पेनरोज़ को इसलिए याद आ गया, क्योंकि वह उस ख़ामोशी को याद कर सके, जो उस वक़्त हमेशा छा जाती है, जब हम सड़क पार करते हैं।

मक्तूब

उन दिनों संत एंथोनी रेगिस्तान में रह रहे थे, जब एक नौजवान उनसे मिलने आया।

''फ़ादर, मेरे पास जो भी था, वह सब मैंने बेच दिया है और वह पैसा ग़रीबों को दे दिया है। मैंने बस कुछ ही ऐसी चीज़ें बचाकर रखी हैं, जो इस रेगिस्तान में जीवित रहने के लिए मुझे ज़रूरी होंगी। मेरा अनुरोध है कि आप मुझे मुक्ति का मार्ग दिखाएँ।''

संत एंथोनी ने उस नौजवान से कहा कि वह उन सारी चीज़ों को बेच दे, जो उसने बचाकर रखी हैं और उस पैसे से कुछ मांस ख़रीदे। शहर से वापस लौटते हुए वह उस मांस को अपने शरीर से बाँध ले।

नौजवान ने आज्ञा का पालन किया। वापस लौटते समय उस पर कुत्तों और परिंदों ने हमला कर दिया, जो उस मांस को खाना चाहते थे।

''मैं आ गया हूँ,'' नौजवान ने अपने कटे-फटे शरीर और कपड़ों को दिखाते हुए कहा।

''जो लोग किसी नए रास्ते पर चलने के लिए पहला क़दम उठाते हैं, लेकिन इसी के साथ-साथ अपने पिछले जीवन के थोड़े-से हिस्से से चिपके रहते हैं, वे अंत में अपने अतीत के हाथों टुकड़े-टुकड़े कर दिए जाते हैं,'' संत ने कहा।

गुरु कहते हैं :

उन सारी सुंदर चीज़ों का आनंद लो, जो परमेश्वर आज तुम्हें देता है। तुम उन्हें बचाकर नहीं रख सकते। ऐसा कोई बैंक नहीं है, जिसमें तुम उन्हें भविष्य के लिए बचाकर रख सको। अगर तुम उन अनुग्रहों का अभी इस्तेमाल नहीं करते, तो वे हमेशा के लिए खो जाएँगे।

परमेश्वर जानता है कि हम सब जीवन के कलाकार हैं। किसी दिन वह हमें मूर्ति तराशने के लिए पत्थर देता है, तो किसी दिन ब्रश और कैनवस देता है, या लिखने के लिए क़लम देता है, लेकिन जब चित्र बनाने का मसला आता है, तो वे पत्थर किसी काम के नहीं होते, और मूर्ति बनाने के लिए क़लम किसी काम की नहीं होती।

हर दिन का अपना चमत्कार होता है। उन अनुग्रहों को स्वीकार करो और आज की अपनी छोटी-छोटी कलाकृतियाँ रचो।

कल तुम्हें और भी अनुग्रह प्राप्त होंगे।

पिएद्रा नदी के तट पर बना मठ चारों ओर से हरियाली से घिरा हुआ है, स्पेन के उस शुष्क भाग में एक वास्तविक मरु उद्यान। वहाँ, वह छोटी-सी नदी तेज़ प्रवाह में बदल जाती है और विभाजित होकर दर्जनों प्रपातों का रूप ले लेती है।

मुसाफ़िर पानी का संगीत सुनता हुआ चला जा रहा है। अचानक उसका ध्यान एक जल प्रपात के तले एक छोटी-सी गुफ़ा की ओर जाता है। वह समय के हाथों चिकने हो गए पत्थर और कुदरत द्वारा धीरज के साथ रचे गए पत्थर के ख़ूबसूरत आकारों का बारीकी से अध्ययन करता है। और तब उसे एक फलक पर रवींद्रनाथ टैगोर के ये शब्द लिखे हुए दिखाई देते हैं :

"किसी मूर्तिशिल्पी के हथौड़े ने नहीं, बल्कि पानी ने इन पत्थरों को इतना सुंदर आकार दिया है, जिसने अपनी कोमलता, अपने नृत्य और अपने गीतों के साथ इन्हें गढ़ा है। कठोरता नष्ट करती है, कोमलता गढ़ती है।"

गुरु कहते हैं :

बहुत-से लोग सुख से डरते हैं। उनके लिए, इस शब्द का मतलब है, अपनी आदतों को बदलना और अपनी पहचान को खो देना।

हम अक्सर इस बात पर विश्वास करते हैं कि हम उन अच्छी चीज़ों के लायक़ नहीं हैं, जो हमारे साथ घटित होती हैं। हम उन्हें स्वीकार नहीं करते, क्योंकि वैसा करना हमें इस अहसास से भर देता है कि हम परमेश्वर के ऋणी हैं।

हम सोचते हैं : ''सबसे अच्छा यही है कि सुख के प्याले को न पिया जाए, क्योंकि जब वह हमसे वापस ले लिया जाएगा, तब हमें और ज़्यादा दुःख ही भोगना पड़ेगा।''

हम क्षरित होने से इतना डरते हैं कि विकसित होना बंद कर देते हैं। हम रोने से इतना डरते हैं कि हँसना बंद कर देते हैं।

एक दोपहर स्केटिस मठ में एक भिक्षु ने एक अन्य भिक्षु का अपमान कर दिया। मठाधीश सिसोइस ने अपमानित भिक्षु से दूसरे भिक्षु को माफ़ कर देने का आग्रह किया।

''निश्चय ही नहीं,'' भिक्षु ने कहा। ''उसने जो किया है, उसकी क़ीमत उसे चुकानी ही होगी।''

उसी क्षण मठाधीश सिसोइस अपनी बाँहें आसमान की ओर फैलाकर प्रार्थना करने लगे :

''हे प्रभु, अब हमें आपकी ज़रूरत नहीं है, क्योंकि हम ख़ुद ही अपने अपराधी को उसके अपराध की क़ीमत चुकाने को बाध्य कर सकते हैं। हम प्रतिशोध को ख़ुद अपने हाथों में ले सकते हैं और शुभ तथा अशुभ के साथ ख़ुद ही निपट सकते हैं। इसलिए मेहरबानी कर हमें हमारी मर्ज़ी पर छोड़ दीजिए और अब हमारी चिंता मत कीजिए।''

उस भिक्षु ने शर्मिंदा होकर तुरंत अपने साथी भिक्षु को माफ़ कर दिया।

“जब सारे महान गुरुओं का कहना है कि आध्यात्मिक ख़ज़ाना वह चीज़ है, जिसे तुम केवल अपने बूते पर ही पा सकते हो, तब हम सब यहाँ एकत्र क्यों हैं?” एक शिष्य ने पूछा।

“तुम सब यहाँ इसलिए एकत्र हो, क्योंकि जंगल हमेशा ही एक पेड़ के मुक़ाबले ज़्यादा मज़बूत होता है,” गुरु ने कहा। “जंगल नमी को बनाए रख सकता है, तूफ़ानों को झेल सकता है, और मिट्टी को उपजाऊ बनाए रखने में मदद करता है, लेकिन पेड़ को उसकी जड़ें ही मज़बूत बनाती हैं। और एक पौधे की जड़ें दूसरे पौधे के विकसित होने में मदद नहीं कर सकतीं।

“एक लक्ष्य को दिमाग़ में रखकर साथ रहना और तब भी हर व्यक्ति को अपनी तरह से विकसित होने देना, यह उन लोगों का मार्ग है, जो ईश्वर के साथ संवाद स्थापित करना चाहते हैं।”

जब मुसाफ़िर दस साल का था, तो उसकी माँ ने उसे शारीरिक प्रशिक्षण के लिए भेज दिया था।

जो व्यायाम वह करता था, उनमें से एक में पुल के ऊपर से पानी में छलाँग लगाना भी होता था। इस बात से डरकर कि अब जल्दी ही उसकी बारी आने वाली है, वह हमेशा कतार के अंत में चला जाता था और अपने से आगे के हर लड़के को छलाँग लगाता हुआ देखता था। एक दिन उसके प्रशिक्षक ने उसे डरा हुआ देखकर कतार में सबसे आगे खड़ा कर दिया, ताकि सबसे पहले उसे ही छलाँग लगानी पड़े।

उसे अब भी डर लग रहा था, लेकिन वह सब इतनी जल्दी हुआ कि उसका भय जाता रहा।

गुरु ने कहा :

अक्सर तो हमें स्थितियों को उनके अपने अनुसार चलने देना होता है, लेकिन कभी-कभी ऐसे भी मौक़े आते हैं, जब हमें अपनी बाँहें मोड़कर कार्रवाई करनी होती है। तब, तुम सबसे बदतर यही कर सकते हो कि उस क्षण को टाल दो।

एक सुबह, बुद्ध अपने शिष्यों के साथ बैठे हुए थे, जब एक आदमी उनके पास पहुँचा।

"क्या ईश्वर का अस्तित्व है?" उस आदमी ने पूछा।

"हाँ, उसका अस्तित्व है," बुद्ध ने कहा।

दोपहर के भोजन के बाद एक और आदमी उनके पास पहुँचा।

"क्या ईश्वर का अस्तित्व है?" उसने पूछा।

"नहीं, उसका अस्तित्व नहीं है," बुद्ध ने कहा।

बाद में उस दोपहर, एक तीसरे आदमी ने उनसे वही सवाल पूछा :

"क्या ईश्वर का अस्तित्व है?"

"यह फ़ैसला तुम्हें करना है," बुद्ध ने कहा।

"यह तो बेतुकी बात है, गुरुदेव," एक शिष्य ने कहा। "आप एक ही सवाल के भिन्न जवाब कैसे दे सकते हैं?"

"क्योंकि उनमें से हर व्यक्ति भिन्न है," बुद्ध ने कहा। "और उनमें से हर एक अपने-अपने ढंग से ईश्वर के पास पहुँचेगा, निश्चय के साथ, इंकार के साथ, और संदेह के साथ।"

हम सारे प्राणी कर्म में, कुछ करने में, निर्णय लेने में, व्यवस्थाएँ करने में तल्लीन हैं। हम हर वक़्त कोई योजना बनाने की कोशिश कर रहे होते हैं, किसी अन्य चीज़ के बारे में निष्कर्ष निकाल रहे होते हैं, और कोई तीसरी चीज़ ढूँढ निकाल रहे होते हैं।

इसमें कुछ भी ग़लत नहीं है; आख़िरकार, इसी तरह तो हम दुनिया को बनाते और बदलते हैं, लेकिन उपासना का कर्म भी जीवन का हिस्सा है।

जब-तब ठहर जाना, अपने से बाहर क़दम रखना, और ब्रह्मांड के समक्ष मौन खड़े रहना।

देह और आत्मा के साथ झुकना। बिना कुछ भी पूछे, बिना सोचे, यहाँ तक कि कृतज्ञ महसूस किए बिना। महज़, हमें चारों ओर से लपेटते प्रेम को अनुभव करना। ऐसे क्षणों में, कुछ अनपेक्षित आँसू - न आनंद के और न दुख के आँसू - गिर सकते हैं।

आश्चर्य में मत पड़ो। यह एक उपहार है। वे आँसू तुम्हारी आत्मा को धोकर निर्मल कर रहे हैं।

गुरु कहते हैं :

अगर तुम्हें रोना पड़े, तो ऐसे रोओ जैसे बच्चे रोते हैं।

एक समय था, जब तुम बच्चे थे, और जीवन में तुमने जो चीज़ सबसे पहले सीखी थी, वह था रोना, क्योंकि वह जीवित होने का अंग है। कभी मत भूलो कि तुम स्वतंत्र हो, और अपनी भावनाओं का प्रदर्शन करने में शर्मिंदा होने जैसी कोई बात नहीं है।

चीख़ो, ज़ोर-ज़ोर से सिसको, चाहो तो शोर करो, क्योंकि बच्चे इसी तरह रोते हैं, और वे जानते हैं कि यह अपने हृदय को हल्का करने का सर्वाधिक प्रभावशाली ढंग है।

क्या तुमने ध्यान दिया है कि बच्चे रोना कैसे बंद करते हैं?

कोई चीज़ उनका ध्यान बँटा देती है, कोई चीज़ उन्हें नए अभियान के लिए पुकारती है।

बच्चे बहुत जल्दी रोना बंद कर देते हैं।

इसी तरह यह तुम्हारे साथ होगा, लेकिन तभी जब तुम बच्चों की तरह रोओगे।

मुसाफ़िर अपनी एक स्त्री दोस्त के साथ दोपहर का भोजन कर रहा है। स्त्री फ़ोर्ट लॉडरडेल में वकील है। बग़ल की मेज़ का एक अत्यंत उत्तेजित शराबी उनकी बातचीत में दख़ल देने की कोशिश कर रहा है। एक वक़्त आता है जब वकील कहती है : हमें अकेला छोड़ दो, लेकिन शराबी कहता है :

''क्यों? मैं प्रेम के बारे में उस तरह बात कर रहा था, जिस तरह कोई बिना नशा किए आदमी कभी नहीं कर सकता। मैं ख़ुश महसूस कर रहा था और दो अजनबियों के सामने उस ख़ुशी का इज़हार करना चाहता था। इसमें क्या ग़लत है?''

''यह उचित वक़्त नहीं है,'' वह कहती है।

''क्या तुम यह कहना चाहती हो कि अपनी ख़ुशी दर्शाने का भी कोई उचित वक़्त होता है?''

उन्होंने तुरंत ही उस आदमी को अपनी मेज़ पर बुला लिया।

गुरु कहते हैं :

हमें अपने शरीर की देखभाल करनी चाहिए, क्योंकि वह पवित्र आत्मा का मंदिर है और इसलिए वह सम्मान और प्रेम करने योग्य है।

हमें अपने समय का अधिकतम इस्तेमाल करना चाहिए, क्योंकि हमारे लिए अपने सपनों की ख़ातिर लड़ना और सारे उद्यमों को उस लड़ाई पर केंद्रित करना अनिवार्य है।

लेकिन, इस बात को याद रखना भी महत्त्वपूर्ण है कि जीवन छोटे-छोटे सुखों से मिलकर बना है। वे वहाँ एक उद्दीपन उपलब्ध कराने, अपनी खोज में हमारी मदद करने और हमारे रोज़मर्रा संघर्षों के बीच हमें कुछ पलों की राहत पहुँचाने के लिए हैं।

सुखी होना कोई पाप नहीं है। अगर तुम जब-तब भोजन, निद्रा और सुख संबंधी कुछ ख़ास नियमों को भंग करते हो, तो इसमें कुछ भी ग़लत नहीं है।

अगर तुम जब-तब अपना वक़्त कुछ तुच्छ क़िस्म की मूर्खताओं पर बर्बाद करते हो, तो ख़ुद को दोषी मत ठहराओ। ये वे छोटे-छोटे सुख हैं, जो हमें जीवन को जारी रखने के लिए ज़रूरी बड़े उद्दीपन उपलब्ध कराते हैं।

जिस समय गुरु परमेश्वर की वाणी का प्रसार करने यात्रा पर थे, उसी समय उस मकान में आग लग गई, जिसमें वह अपने शिष्यों के साथ रहते थे।

''वह यह घर हमारे भरोसे छोड़कर गए हैं, और हम उसकी देखभाल करने में विफल रहे,'' उसके एक शिष्य ने कहा।

उन्होंने तुरंत जले हुए अवशेषों की मदद से मकान को फिर-से बनाना शुरू कर दिया, लेकिन गुरु उम्मीद से पहले ही वापस लौट आए और जब उन्होंने मकान के निर्माण का काम देखा, तो ख़ुश होते हुए कहा :

''वाह नया घर! हम तरक़्क़ी कर रहे हैं।''

एक शिष्य ने शर्मिंदा होते हुए गुरु को वास्तविक स्थिति के बारे में बताया कि जिस घर में वे रह रहे थे, उसे आग ने जलाकर नष्ट कर दिया था।

''मैं नहीं समझा,'' गुरु ने कहा। ''मुझे तो केवल वे आदमी दिखाई दे रहे हैं, जिनकी जीवन में आस्था है और जो अपने जीवन की एक नई अवस्था की शुरुआत कर रहे हैं। जिन लोगों ने वह एकमात्र चीज़ खो दी है, जो उनके पास थी, वे बहुत-से लोगों के मुक़ाबले बेहतर स्थिति में हैं, क्योंकि अब के बाद से, वे केवल हासिल ही कर सकते हैं।''

पियानो वादक आर्थर रुबिंस्टाइन को न्यू यॉर्क के आलीशान रेस्तराँ में आयोजित दोपहर के भोजन में पहुँचने में देर हो गई। उनके दोस्तों को चिंता होने लगी, लेकिन अंतत: रुबिंस्टाइन अपने से तीस साल छोटी सुनहरे बालों वाली एक ख़ूबसूरत महिला की बाँह में बाँह डाले प्रकट हुए, हालाँकि वह अपनी कंजूसी के लिए मशहूर थे, लेकिन उस दोपहर उन्होंने सबसे ज़्यादा महँगे व्यंजन और बहुत ही दुर्लभ क़िस्म की परिष्कृत वाइन्स ऑर्डर कीं। अंत में, उन्होंने मुस्कराते हुए बिल का भुगतान भी किया।

''मैं जानता हूँ कि तुम लोग हैरान होगे,''रुबिंस्टाइन ने कहा, ''लेकिन आज मैं अपनी वसीयत लिखाने अपने वकील के पास गया था। मैंने अपनी बेटी और अपने रिश्तेदारों के लिए मोटी रक़म छोड़ दी, बहुत-सी धर्मार्थ संस्थाओं के लिए दान दे दिया, और तब अचानक मुझे अहसास हुआ कि अपनी वसीयत में मैं तो शामिल ही नहीं था। सारा पैसा दूसरे लोगों के पास चला जा रहा था!

''मैंने फ़ैसला किया कि अब के बाद से मैं ख़ुद के प्रति ज़्यादा उदारता बरतूँगा।''

गुरु कहते हैं :

अगर तुम अपने सपनों के बताए रास्ते पर चल रहे हो, तो उसके प्रति पूरी तरह समर्पित हो। बाहर निकलने का दरवाज़ा इस बहाने के साथ खुला मत छोड़ो कि ''नहीं, यह क़तई वह नहीं है, जो मैं चाहता था।'' इन शब्दों में पराजय के बीज निहित हैं।

अपने चुने हुए मार्ग को पूरी तरह अपनाओ। अगर तुम कभी-कभार लड़खड़ाते भी हो तब भी, अगर तुम यह जानते हो कि तुम इससे बेहतर कर सकते थे, तब भी। अगर तुम उस चीज़ को स्वीकार करते हो, जो तुम इस वक़्त, वर्तमान में, करने में सक्षम हो, तो तुम निश्चय ही भविष्य में और भी अच्छा करोगे, लेकिन अगर तुम अपनी सीमाओं से इंकार करते हो, तो तुम उनसे कभी मुक्त नहीं हो पाओगे।

अपनी यात्रा का साहसपूर्वक सामना करो, दूसरे लोगों की आलोचना से डरो मत। सर्वोपरि बात यह है कि ख़ुद की आलोचना से ख़ुद को पंगु मत कर लो।

निद्राहीन रातों में परमेश्वर तुम्हारे साथ होगा और तुम्हारे छिपे हुए आँसुओं को अपने प्रेम से पोंछेगा।

परमेश्वर बहादुरों का परमेश्वर है।

पाओलो कोएलो

गुरु ने अपने शिष्यों से कहा कि वे जाकर अपने लिए कुछ भोजन प्राप्त करें। वे यात्रा कर रहे थे और इसलिए ख़ुद खाना नहीं पका सकते थे।

शाम ढले शिष्य लौट आए। उनमें से हर एक वह लाया था, जो दूसरे लोगों की ख़ैरात से थोड़ा-बहुत ला सकता था : सड़े हुए फल, बासी ब्रेड, कड़वी वाइन।

लेकिन, एक शिष्य थैला भर पके हुए सेब लाया था।

''अपने गुरु और भाइयों की मदद के लिए मुझसे जो भी बन पड़ेगा, मैं वह हमेशा करूँगा,'' सेबों को बाँटते हुए उसने कहा।

''ये तुम्हें कहाँ से मिले?'' गुरु ने पूछा।

''ये मुझे चुराने पड़े,'' शिष्य ने कहा। ''जो लोग मुझे मिले थे, उन्होंने तो सिर्फ़ पुराना, बासी सामान दिया था, बावजूद इसके कि वे जानते थे कि हम परमेश्वर की वाणी का प्रचार-प्रसार कर रहे हैं।''

''ख़ैर, तुम अपने सेब उठाओ और यहाँ से चले जाओ और फिर कभी वापस मत आना,'' गुरु ने कहा। ''जो व्यक्ति मेरे *लिए* चोरी करता है, वह एक दिन *मुझसे* भी चोरी करेगा।''

हम इस दुनिया में अपने सपनों और आदर्शों की खोज में निकले हैं। हम अक्सर उन चीज़ों को जो वास्तव में आसान पहुँच में होती हैं, ऐसी जगहों पर रख देते हैं, जहाँ तक किसी की पहुँच संभव नहीं होती। जब हमें अपनी ग़लती का अहसास होता है, तब हम महसूस करते हैं कि हमने हमेशा हाथ भर की दूरी पर रखी चीज़ों को सुदूर स्थलों पर खोजने में अपना वक़्त बर्बाद किया है। हम अपनी ग़लतियों के लिए, व्यर्थ की गई खोजों के लिए, अपने हाथों पैदा किए गए दुखों के लिए ख़ुद को दोष देते हैं।

गुरु कहते हैं :

अगर ख़ज़ाना तुम्हारे अपने घर के भीतर भी दफ़न है, तुम उस तक केवल तभी पहुँचते हो, जब उसकी ख़ातिर दूर-दूर तक भटक आए होते हो। अगर पीटर ने ईसा का खंडन करने की पीड़ा को अनुभव न किया होता, तो उन्हें चर्च के पिता के रूप में न चुना गया होता। अगर फ़िज़ूलख़र्च बेटा अपने पीछे सब कुछ न छोड़ गया होता, तो उसके पिता ने भोज का आयोजन कर उसकी वापसी का जश्न न मनाया होता।

हमारे जीवन में कुछ चीज़ें ऐसी हैं, जिन पर मुहर लगी हुई है, जिस पर लिखा है : ''तुम मेरी क़ीमत तभी समझोगे, जब मुझे खो देने के बाद फिर से पा लोगे।'' यात्रा को संक्षिप्त करने का कोई मतलब नहीं है।

गुरु ने अपने प्रिय शिष्य से मुलाक़ात कर उससे उसकी आध्यात्मिक प्रगति के बारे में पूछा। जवाब में शिष्य ने कहा कि मैं दिन का एक-एक पल ईश्वर को समर्पित कर रहा हूँ।

''तब तो तुम्हारे लिए करने को केवल एक ही चीज़ बची है कि तुम अपने शत्रुओं को क्षमा कर दो। गुरु ने कहा।

शिष्य चकित होकर उसकी ओर मुड़ा :

''लेकिन मुझे इसकी जरूरत नहीं है, मैं अपने शत्रुओं से नाराज़ नहीं हूँ।''

''क्या तुम सोचते हो कि परमेश्वर तुमसे नाराज़ है?''

''निश्चय ही नहीं,'' शिष्य ने कहा।

''और तब भी तुम उससे क्षमा कर देने को कहते हो, नहीं? वैसा ही अपने शत्रुओं के साथ करो, भले ही तुम उनसे नफ़रत नहीं करते। क्षमा करते हुए तुम अपने ही हृदय को निर्मल और सुगंधित कर रहे होते हो।''

टूलॉन की घेराबंदी के समय हुई अंधाधुंध बमबारी के दौरान युवा नेपोलियन पत्ते की मानिंद काँप रहा था।

जब एक सैनिक ने यह देखा, तो उसने अपने साथियों से कहा :

''देखो, वह एकदम डरा हुआ है!''

''हाँ,'' नेपोलियन ने कहा, ''लेकिन तब भी मैं लड़ना जारी रखे हुए हूँ। अगर तुम मेरे मुक़ाबले आधा डर भी महसूस कर रहे होते, तो तुम काफ़ी पहले भाग चुके होते।''

गुरु कहते हैं :

''डर कायरता का लक्षण नहीं है। यह भय ही है, जो हमें हर स्थिति में साहस और गरिमापूर्वक कर्म करने की गुंजाइश देता है। कोई भी व्यक्ति जो डर महसूस करता है, लेकिन अडिग रहकर संघर्ष जारी रखता है, तो वह अपने साहस का सबूत दे रहा होता है। ऐसा व्यक्ति जो ख़तरे से बेख़बर होकर ख़तरनाक स्थितियों का सामना करता है, वह ग़ैर जिम्मेदाराना ढंग से पेश आ रहा होता है।

मुसाफ़िर संत जॉन के फ़ीस्ट डे के उत्सव में शामिल है, जिसमें तरह-तरह के स्टॉल लगे हैं, राइफ़ल रेंज है और घर का बना भोजन परोसा जा रहा है।

अचानक एक विदूषक उसकी हर मुद्रा की नक़ल करने लगता है। लोग हँसते हैं, और उसी तरह वह मुसाफ़िर भी हँसता है। अंत में वह विदूषक को अपने साथ कॉफ़ी पीने को आमंत्रित करता है।

"ख़ुद को जीवन में झोंक दो," विदूषक कहता है। "अगर तुम जीवित हो, तो तुम्हारे के लिए अपनी बाँहें हवा में लहराना, कूदना-फाँदना, शोर करना, हँसना और लोगों से बातचीत करना ज़रूरी है, क्योंकि जीवन मृत्यु के ठीक विपरीत है। मरने का मतलब है, हमेशा-हमेशा के लिए एक ही स्थिति में बने रहना। अगर तुम ज़रूरत से ज़्यादा स्थिर हो, तो तुम पूरी तरह जीवित नहीं हो।

एक शक्तिशाली राजा ने एक पादरी को बुलाया और उससे अपनी पीठ का दर्द ठीक कर देने को कहा। पादरी के बारे में कहा जाता था कि उसके पास लोगों को निरोग कर देने की शक्ति थी।

''परमेश्वर आपकी मदद करेगा,'' पादरी ने कहा, लेकिन सबसे पहले हमें इस दर्द की वजह जानना ज़रूरी है। आत्म स्वीकृति (कॅन्फ़ेशन) बहुत-सी समस्याओं का सामना करने में मदद करती है, और हमें बहुत-सी चीज़ों से मुक्त कर देती है।''

और पादरी ने राजा से उसकी ज़िंदगी के बारे में सवाल करना शुरू कर दिया, जिनमें अपने साथी इंसानों से व्यवहार करने से लेकर राजा होने की मुश्किलों तक से संबंधित सवाल शामिल थे। राजा इन सारी समस्याओं के बारे में सोचते हुए ऊब गया और पादरी की ओर मुड़ते हुए उन्होंने कहा :

''मैं इन मसलों पर बात नहीं करना चाहता। कृपया किसी ऐसे व्यक्ति को बुलाइए, जो मुझसे कोई सवाल पूछे बिना मुझे चंगा कर दे।''

पादरी चला गया और आधा घंटे बाद एक और आदमी को लेकर वापस आ गया।

''यह रहा वह आदमी, जिसकी आपको ज़रूरत है,'' उसने कहा। ''यह एक पशु चिकित्सक है और यह आम तौर से अपने मरीज़ों से बात नहीं करता।''

एक सुबह गुरु और शिष्य गाँव में टहल रहे थे।

शिष्य ने गुरु से ऐसे भोजन की सलाह देने को कहा, जो पवित्र करता हो। गुरु ने इस बात पर बहुत ज़ोर दिया कि सारे भोजन पवित्र हैं, लेकिन शिष्य ने उनकी बात पर विश्वास नहीं किया।

''कोई भोजन ऐसा ज़रूर होगा, जो हमें ईश्वर के ज़्यादा क़रीब ले जाता होगा,'' उसने कहा।

''तुम शायद सही कह रहे हो। उदाहरण के लिए वहाँ वे जो मशरूम लगे हुए हैं,'' गुरु ने कहा।

शिष्य उत्साहित हो उठा, क्योंकि उसने सोचा कि मशरूम खाने से वह पवित्र हो जाएगा और उसे परम आनंद की प्राप्ति होगी, लेकिन जब उसने उन्हें ज़्यादा क़रीब से देखा, तो वह चीख़ उठा :

''लेकिन वे तो ज़हरीले मशरूम हैं! अगर मैंने उनमें से एक भी खा लिया तो मैं घंटे भर के भीतर मर जाऊँगा!''

''हाँ, लेकिन मेरी जानकारी में भोजन की मार्फ़त ईश्वर के निकट जाने का यह एकमात्र तरीक़ा है,'' गुरु ने कहा।

1981 की सर्दियों में, मुसाफ़िर और उसकी बीवी प्राग की सड़कों पर चले जा रहे थे कि तभी उन्होंने एक नौजवान को देखा, जो अपने आस-पास की इमारतों के चित्र बना रहा था। मुसाफ़िर को एक चित्र पसंद आ गया और उसने उसे ख़रीदने का निश्चय किया।

जब वह उसे पैसे देने लगा, तो उसका ध्यान गया कि वह आदमी दस्ताने नहीं पहने हुए था, जबकि तापमान 23 डिग्री फ़ारेनहाइट था।

''तुमने दस्ताने क्यों नहीं पहने हुए हैं?'' उसने पूछा।

''ताकि मैं अपनी पेंसिल पकड़ सकूँ।''

उन्होंने प्राग के बारे में थोड़ी-बहुत बातचीत की। नौजवान ने फ़ैसला किया कि वह मुफ़्त में उस मुसाफ़िर की बीवी का चित्र बनाएगा।

जिस दौरान मुसाफ़िर इंतज़ार कर रहा था, उसे लगा कि कोई विचित्र-सी घटना हो रही थी; वे एक-दूसरे से लगभग पाँच मिनिट से बातचीत कर रहे थे, बावजूद इसके कि वे एक-दूसरे की भाषा नहीं जानते थे।

उन्होंने केवल मुद्राओं, मुस्कराहटों और भाव-भंगिमाओं का इस्तेमाल करते हुए संवाद किया था, लेकिन एक-दूसरे की बातों में साझा करने की उनकी आकांक्षा का मतलब था कि उन्होंने शब्दों का इस्तेमाल किए बग़ैर भाषा की दुनिया में प्रवेश किया था।

हस्साम का एक दोस्त उसे मस्जिद के दरवाज़े पर ले गया, जहाँ एक अंधा बैठा भीख माँग रहा था।

''यह अंधा इस मुल्क़ का सबसे ज़्यादा अक़्लमंद आदमी है,'' उसने कहा।

''तुम कब से अंधे हो?'' हस्साम ने पूछा।

''जन्म से,'' उस आदमी ने कहा।

''और तुमने इतना ज़्यादा ज्ञान कैसे हासिल कर लिया?''

''मैंने अपने अंधेपन को अस्वीकार करते हुए, खगोलविद् बनने की कोशिश की,'' उस आदमी ने कहा। ''चूँकि मैं आसमान नहीं देख सकता था, इसलिए मैं सितारों, सूरज और सारे तारक-पुंजों की कल्पना करने को बाध्य था। मैं जितना ही परमेश्वर की बनाई चीज़ों के क़रीब पहुँचता गया, उतना ही उसके ज्ञान के क़रीब पहुँचता गया।''

स्पेन के ओलिते नामक नगर के क़रीब एक अलग-थलग स्थित बार में एक साइन-बोर्ड था, जिस पर बार के मालिक ने यह इबारत लिख रखी थी :

''ठीक जिस वक़्त मैंने किसी तरह सारे जवाब खोज लिए, तो उन्होंने सारे सवालों को बदल दिया।''

गुरु कहते हैं :

हम हर समय जवाब पाने की कोशिश में व्यस्त रहते हैं, और हमें लगता है कि अगर हमें जीवन के अर्थ को समझना है, तो जवाब महत्त्वपूर्ण हैं।

यह कहीं ज़्यादा महत्त्वपूर्ण है कि जीवन को उसकी पूर्णता में जिया जाए और स्वयं समय को इस बात की गुंजाइश दी जाए कि वह जीवन के अर्थ को उजागर कर सके। अगर हम अर्थ हासिल करने के लिए बहुत अधिक कोशिश करते हैं, तो हम कुदरत को अपना काम करने की गुंजाइश नहीं दे रहे होते हैं और हम परमेश्वर के संकेतों को पढ़ने में अक्षम हो जाते हैं।

एक ऑस्ट्रेलियाई क़िस्सा है एक जादूगर के बारे में, जो जब अपनी तीन बहनों के साथ चला जा रहा था, तो उस ज़माने का सबसे प्रसिद्ध योद्धा उनके पास पहुँचा।

“मैं इन ख़ूबसूरत लड़कियों में से एक के साथ विवाह करना चाहता हूँ,” योद्धा ने कहा।

“अगर इनमें से एक विवाह कर लेगी, तो बाक़ी दो उदास हो जाएँगी। मैं ऐसे क़बीले की तलाश में हूँ, जिसके योद्धा तीन बीवियाँ रख सकते हों,” जादूगर ने चलते-चलते कहा।

और वह वर्षों तक सारे ऑस्ट्रेलिया महाद्वीप की यात्रा करता रहा लेकिन उसे ऐसा कोई क़बीला कभी नहीं मिल सका।

जब वे तीनों बहनें बूढ़ी हो गईं और चलते-चलते थक गईं, तब उनमें से एक ने कहा, “कम-से-कम हममें से एक तो सुखी हो ही सकती थी।”

“मुझसे ग़लती हुई,” जादूगर ने कहा, “और अब काफ़ी देर हो चुकी है।”

और उसने अपनी उन तीनों बहनों को पत्थरों में बदल दिया ताकि जो भी वहाँ से गुज़रता, वह इस बात को समझ पाता कि किसी एक के सुखी होने का मतलब ज़रूरी नहीं कि दूसरे दुखी हो जाएँ।

पत्रकार वेग्नर कारेली अर्जेंटीना के लेखक जॉर्ज लुई बोर्खेस का इंटरव्यू लेने गये।

इंटरव्यू के अंत में, वे उस भाषा के बारे में, जो शब्दों के परे होती है और हम इंसानों की एक-दूसरे को समझने की अपरिमित क्षमता के बारे में बात करते रहे।

''मैं आपको एक उदाहरण देता हूँ,'' बोर्खेस ने कहा।

और उन्होंने एक अजनबी भाषा में कुछ कहना शुरू कर दिया। जब उनकी बात ख़त्म हुई तो उन्होंने वेग्नर से पूछा : क्या आपको समझ में आया, मैंने क्या कहा?

इसके पहले कि वेग्नर कोई जवाब देते, उनके साथ गए फ़ोटोग्राफ़र ने कहा :

''यह परमेश्वर की प्रार्थना है।''

''बिलकुल सही,'' बोर्खेस ने कहा। ''और मैं उसे फ़ीनिश में कह रहा था।''

सर्कस का एक प्रशिक्षक एक हाथी को आसान-सी युक्ति के सहारे अपने वश में कर लेता है : जब हाथी अभी बच्चा ही है, प्रशिक्षक उसके एक पैर को एक मोटे पेड़ के तने से बाँध देता है।

हाथी का वह बच्चा कितनी भी कोशिशें करने पर ख़ुद को आज़ाद नहीं कर सकता, और इसलिए वह इस धारणा का अभ्यस्त हो जाता है कि वृक्ष का तना उससे मज़बूत है।

जब वह पूरी तरह बड़ा हो जाता है और उसमें ज़बरदस्त ताक़त पैदा हो जाती है, हाथी को एक पतली-सी छड़ी से बाँधने भर की ज़रूरत पड़ती है, और वह तब भी उससे आज़ाद होने की कोशिश नहीं करता, क्योंकि उसे याद रहता है कि उसने सारे वक़्त कोशिश की थी, लेकिन वह नाकामयाब रहा था।

हमारे पैर भी उतनी ही नाज़ुक किसी चीज़ से बँधे हैं, लेकिन क्योंकि, बचपन में, हम एक वृक्ष के तने से बँधे होने के इस क़दर अभ्यस्त हो चुके थे कि हम आज़ाद होने की कोशिश भी नहीं करते, इस बात से बेख़बर कि हमारा एक साहसपूर्ण क़दम हमें अपनी आज़ादी हासिल करने के लिए पर्याप्त होगा।

पाओलो कोएलो

किसी व्यक्ति से ईश्वर की व्याख्या करने का आग्रह किए जाने का कोई मतलब नहीं है; वे उन तमाम सुंदर शब्दों का इस्तेमाल कर सकते हैं, जो उन्हें अच्छे लगते हैं, लेकिन, अंततः, वे निरे शब्द ही होंगे। ठीक उसी तरह कि आप प्रेम के बारे में समूचा एन्साइक्लोपीडिया पढ़ सकते हैं और तब भी आपको ज़रा भी अनुमान नहीं होगा कि किसी को प्रेम करना क्या होता है।

गुरु कहते हैं :

कोई भी व्यक्ति यह बात कभी साबित नहीं कर सकेगा कि ईश्वर का अस्तित्व है या नहीं। जीवन में कुछ चीज़ें ऐसी हैं, जो अनुभव करने के लिए बनी हैं, समझाने के लिए नहीं।

प्रेम उनमें से एक चीज़ है। ईश्वर - जो कि प्रेम है- दूसरी। आस्था एक बालसुलभ अनुभव है, उस जादुई अर्थ में जो कि ईसा ने हमें सिखाया है : ''परमेश्वर का राज बच्चों का राज है।''

परमेश्वर आपके दिमाग़ के रास्ते कभी प्रवेश नहीं करेगा - वह जिस दरवाज़े का इस्तेमाल करता है, वह आपके हृदय का दरवाज़ा है।

फ़ादर मठाधीश, मठाधीश जोआओ पेक्वेनो के बारे में कहा करते थे कि वे इतनी अधिक प्रार्थनाएँ कर चुके हैं कि उन्हें अब प्रलोभनों की चिंता करने की ज़रूरत नहीं रह गई है, क्योंकि वे उन पर पहले ही विजय पा चुके हैं।

फ़ादर मठाधीश के ये शब्द किसी तरह स्केटिस मठ के एक भिक्षु के कानों तक पहुँच गए और उसने सारे नवदीक्षित भिक्षुओं को भोजन के बाद आने को कहा।

''तुमने सुना होगा कि कहा जा रहा है कि अब ऐसा कोई प्रलोभन नहीं है, जिस पर मठाधीश जोआओ को विजय प्राप्त करनी बाक़ी हो,'' उसने उनसे कहा। ''लेकिन, संघर्ष करने के लिए कुछ न होने से आत्मा कमज़ोर हो जाती है। आओ, हम परमेश्वर से प्रार्थना करें कि वह मठाधीश जोआओ को वास्तव में तगड़ा प्रलोभन भेजे, और अगर वह उस प्रलोभन पर विजय प्राप्त कर लेते हैं, तो हम ईश्वर से एक और, फिर एक और प्रलोभन भेजने के लिए प्रार्थना करें। और जब वे उन प्रलोभनों के ख़िलाफ़ लड़ रहे हों, तो हम ईश्वर से प्रार्थना करें कि वे (मठाधीश) यह कभी नहीं कहेंगे कि 'शैतान को दूर ले जाओ।' हम प्रार्थना करें कि वे इसकी जगह यह कहें कि 'प्रभु, मुझे शक्ति दे कि मैं शैतान का सामना कर सकूँ।' ''

संध्याकाल दिन का वह समय होता है, जब स्पष्ट तौर पर देख पाना मुश्किल होता है, जब दिन और रात मिलते हैं, और न तो कोई चीज़ पूरी तरह साफ़ होती है और न पूरी तरह अँधेरा होता है। अधिकांश आध्यात्मिक परंपराओं में, इस समय को पवित्र माना जाता है।

कैथोलिक परंपरा हमें सिखाती है कि हमें शाम छह बजे एव मारिया कहना चाहिए। क़ेचुआ परंपरा के मुताबिक़, अगर हम दोपहर के बाद किसी दोस्त से मिलें और संध्या होने तक उसके साथ रहें, तो हमें नए सिरे से शुरुआत करते हुए 'गुड इवनिंग' कहना चाहिए।

संध्याकाल में पृथ्वी और मानव-जाति का संतुलन परीक्षा की घड़ी में होता है। परमेश्वर यह देखने के लिए कि क्या पृथ्वी में घूमते रहने का साहस है, अँधेरे और प्रकाश को मिला देता है।

अगर पृथ्वी अँधेरे से नहीं डरती, तो रात गुज़र जाती है, और एक नया सूर्योदय होता है।

जर्मनी के दार्शनिक आर्थर शोपेनहॉवर ड्रेसडन की एक सड़क पर चले जा रहे थे। वे उस सवाल का जवाब खोज रहे थे, जो उन्हें तंग कर रहा था। अचानक वे एक बग़ीचे के पास से गुज़रे और उन्होंने वहाँ कुछ घंटे फूलों का अवलोकन करते हुए बिताने का निश्चय किया।

जब वहाँ रहने वाले एक व्यक्ति ने उस आदमी के इस विचित्र क़िस्म के व्यवहार को देखा, तो उसने पुलिस को बुला लिया। कुछ ही मिनट बाद एक पुलिस वाला शोपेनहॉवर के पास पहुँचा और उसने सख़्त लहज़े में उनसे पूछा :

''तुम कौन हो?''

शोपेनहॉवर ने उस आदमी को ऊपर से नीचे तक देखा और जवाब दिया :

''अगर आप मुझे इस सवाल का जवाब दे सकें, तो मैं आपका हमेशा-हमेशा के लिए शुक्रगुज़ार होऊँगा।''

पाओलो कोएलो

ज्ञान की खोज में लगे एक आदमी ने पर्वतों पर जाने का निश्चय किया, क्योंकि उसे कहा गया था कि हर दो वर्ष में वहाँ परमेश्वर प्रकट होते हैं।

पहले साल, उसने वह सब कुछ खाया, जो पृथ्वी ने उपलब्ध कराया। अन्त में, भोजन समाप्त हो गया, और उसे शहर वापस जाना पड़ा।

''परमेश्वर बहुत अन्यायी है!'' वह चीख़ा। ''क्या उसने मुझे वहाँ उसकी वाणी की प्रतीक्षा करते हुए नहीं देखा?'' अब मैं भूखा हूँ और मुझे उसकी वाणी सुने बिना ही शहर वापस जाना पड़ रहा है।''

उसी पल, एक देवदूत प्रकट हुआ :

''परमेश्वर तुमसे वाक़ई बात करना चाहते थे,'' देवदूत ने कहा। उसने तुम्हें पूरे साल भर तक भोजन दिया। वह उम्मीद कर रहा था कि अगले वर्ष तुम ख़ुद अपना भोजन उत्पन्न करोगे, लेकिन तुमने कौन-सा पौधा उगाया? अगर आदमी अपने रहने की जगह पर भोजन उत्पन्न नहीं कर सकता, तो वह निश्चय ही परमेश्वर से बात करने योग्य नहीं है।''

हम सोचते हैं : ''वाक़ई ऐसा लगता है कि हमारी स्वतंत्रता गुलामी का अपना ख़ास रूप चुनने में निहित है। मैं दिन में आठ घंटे काम करता हूँ और, अगर मेरी पदोन्नति हो जाती है, तो मैं दिन के बारह घंटे काम किया करूँगा। मैंने शादी कर ली है, और अब मेरे पास ख़ुद के लिए समय नहीं है। मैंने परमेश्वर की खोज की, जिसका मतलब है कि मैं अब पूजा-पाठ और धार्मिक उत्सवों में शामिल होने को बाध्य हूँ। वह हर चीज़, जो जीवन में महत्त्वपूर्ण है - प्रेम, कर्म और आस्था - अंत में भारी बोझ साबित होते हैं।''

गुरु कहते हैं :

केवल प्रेम ही हमें बच निकलने की गुंजाइश देता है। केवल उसके प्रति प्रेम, जो हम अपनी स्वतंत्रता के साथ करते हैं।

अगर हम प्रेम नहीं कर सकते, तो हम वहीं ठहर भी जा सकते हैं। ईसा ने कहा था : अगर तेरी आँख तुझे पाप करने को बाध्य करती है, तो उसे निकालकर बाहर फेंक दो। बजाय इसके कि दो आँखें रहते हुए नरक की आग में झोंका जाए, तेरे लिए एक आँख के साथ जीवन में प्रवेश करना भला है।''

कठोर शब्द हैं, लेकिन स्थिति यही है।

एक संन्यासी ने किसी तरह पूरे एक वर्ष तक उपवास रखा, जिस दौरान वह सप्ताह में केवल एक बार भोजन करता था। इस बड़े उद्यम के बाद, उसने परमेश्वर से आग्रह किया कि वह उसके समक्ष बाइबल के एक निश्चित अंश के सच्चे अर्थ का खुलासा करे।

उसे कोई जवाब नहीं मिला।

''कैसी समय की बर्बादी है,'' संन्यासी ने सोचा। ''मैंने इतना बड़ा त्याग किया, और परमेश्वर को जवाब तक देने की परवाह नहीं है। बेहतर होगा कि मैं इस जगह को छोड़कर किसी दूसरे संन्यासी की तलाश करूँ, जिसे इस अंश का अर्थ मालूम हो।''

इस मक़ाम पर, एक देवदूत प्रकट हुआ और बोला :

''उन बारह महीनों के उपवास ने सिर्फ़ इतना ही किया है कि तुम्हें यह विश्वास हो गया कि तुम औरों से बेहतर हो, और परमेश्वर अहंकारियों की बात नहीं सुनता, लेकिन जब तुममें इतनी विनम्रता पैदा हुई कि तुमने किसी और व्यक्ति की मदद लेने का विचार किया, तभी परमेश्वर ने मुझे भेजा है।''

और उस देवदूत ने संन्यासी के सामने उस अर्थ का ख़ुलासा किया जो वह जानना चाहता था।

गुरु कहते हैं :

ग़ौर करो कि किस तरह कुछ शब्द ऐसे गढ़े गए हैं कि वे अपना वास्तविक अर्थ उजागर कर सकें।

'Preoccupation' शब्द को ही लें और उसे दो हिस्सों में विभाजित करें – 'pre' और 'occupation'। इसका मतलब है कि किसी चीज़ के होने से पहले ही उसको लेकर चिंता करना।

इस पूरे ब्रह्मांड में कौन ऐसा है, जो किसी ऐसी चीज़ को लेकर चिंतित हो सकता हो, जो अभी हुई तक नहीं है?

सारी पूर्व चिंताओं को त्याग दो। केवल अपनी नियति और अपने मार्ग पर ध्यान केंद्रित करो। रोशनी की जो तलवार तुम्हें दी गई है, उसे भाँजने के लिए जो कुछ भी जानना ज़रूरी है, वह सब सीखो।

दोस्तों, उस्तादों, और दुश्मनों की लड़ने की तकनीकों को ग़ौर से देखो।

कड़ी मेहनत करो, लेकिन यह सबसे बड़ी ग़लती मत करो : यह विश्वास कि तुम्हें मालूम है कि तुम्हारे प्रतिद्वंद्वी की अगली चाल क्या होगी।

यह शुक्रवार है, तुम घर पहुँचते हो और उन अख़बारों को उठाते हो, जिन्हें इस हफ़्ते के दौरान पढ़ने का वक़्त तुम नहीं निकाल पाए थे। तुम टेलीविज़न को ख़ामोश कर देते हो, और एक सीडी बजाते हो। अख़बार के पन्ने पलटते हुए और संगीत सुनते हुए, तुम रिमोट कंट्रोल की मदद से चैनल बदलते रहते हो। अख़बारों से तुम्हें नया कुछ नहीं मिलता, टीवी के शिड्यूल एक ही चीज़ को बार-बार दोहराते रहते हैं, और उस सीडी को तुम दर्जनों बार सुन चुके हो।

तुम्हारी पत्नी बच्चों की देखभाल कर रही है, और यूँ अपनी जवानी के सबसे अच्छे हिस्से को कुर्बान कर रही है, बिना यह जाने कि वह ऐसा क्यों कर रही है।

आपको एक बहाना सूझता है : ''जीवन ऐसा ही तो होता है।'' नहीं, जीवन ऐसा नहीं होता। जीवन उमंग है। पता लगाओ कि तुमने अपनी उमंग को कहाँ छिपा दिया है। इसके पहले कि बहुत देर हो जाए, अपनी बीवी और बच्चों के साथ उसका पीछा करो। प्रेम ने कभी भी किसी को अपने सपनों का पीछा करने से नहीं रोका है।

एक क्रिसमस की पूर्व संध्या पर मुसाफ़िर और उसकी बीवी उस वर्ष का आकलन कर रहे थे, जो अब समाप्त हो रहा था।

पायरेनीज़ नामक उस गाँव के एकमात्र रेस्तराँ में रात का भोजन करते हुए मुसाफ़िर किसी ऐसी चीज़ को लेकर शिकायत करने लगा, जो उसके मनमाफ़िक ढंग से संपन्न नहीं हुई थी।

उसकी बीवी रेस्तराँ में सजाए गए क्रिसमस ट्री को ताक रही थी। मुसाफ़िर को लगा कि वह उसकी बात में दिलचस्पी नहीं ले रही है, इसलिए उसने विषय बदल दिया।

''ख़ूबसूरत रोशनियाँ,'' उसने कहा।

''हाँ,'' उसकी बीवी ने कहा। ''लेकिन अगर तुम ग़ौर से देखो, तो पाओगे कि उन तमाम दो दर्जन रोशनियों के बीच एक रोशनी ऐसी है, जो बुझ चुकी है। मुझे लगता है कि बीते वर्ष को दर्जनभर चमकती रोशनियों की तरह देखने की बजाय, तुम उस एकमात्र बल्ब की तरह देख सकते हो, जो किसी भी चीज़ को रोशन नहीं कर रहा है।''

''तुम उस सीधे-साधे पादरी को देख रहे हो, जो सड़क पर चला जा रहा है?'' एक शैतान ने दूसरे शैतान से कहा। ''मैं उसके पास जा रहा हूँ और उसकी आत्मा को जीतूँगा।''

''वह तुम्हारी नहीं सुनेगा, क्योंकि वह सिर्फ़ पवित्र चीज़ों में ही दिलचस्पी रखता है,'' उसके साथी ने कहा।

लेकिन उस हमेशा के चालाक व्यक्ति ने ऐंजिल गेब्रियल का वेश धारण किया और उस आदमी के सामने प्रकट हो गया।

''मैं तुम्हारी मदद करने के लिए आया हूँ,'' उसने कहा।

''मैं समझता हूँ कि आप ग़लती से मुझे कोई और व्यक्ति समझ बैठे हैं,'' पादरी ने जवाब दिया। ''मैंने अपने जीवन में कभी भी ऐसा कुछ किया ही नहीं है कि कोई देवदूत मेरे पास आए।''

और वह अपने रास्ते पर चला गया, बिना उस ख़तरे को जाने जिसे उसने टाल दिया था।

पत्रकार ऐंजिला पोंतुआल ब्रॉडवे में एक कार्यक्रम देखने गई थी और, मध्यांतर के दौरान, वह ह्विस्की पीने बार में गई। वह जगह धूम्रपान करते, बातचीत करते और पीते हुए लोगों से भरी थी।

एक वादक, पियानो बजा रहा था, लेकिन उसकी ओर कोई ध्यान नहीं दे रहा था। ऐंजिला चुस्कियाँ लेती हुई उसे सुनने लगी। पियानो वादक ऊबा हुआ लग रहा था, और केवल इसलिए बजाए जा रहा था, क्योंकि उसे इसके लिए भुगतान किया जाने वाला था। वह मध्यांतर के समाप्त हो जाने का बेसब्री से इंतज़ार कर रहा था।

जब वह अपनी तीसरी ह्विस्की पी रही थी, वह हल्का-सा डगमगाती हुई पियानो वादक के पास गई और उससे ज़ोर-से बोली :

''क्या तुम बेवकूफ़ हो, या क्या हो? तुम वह क्यों नहीं बजाते, जो तुम बजाना चाहते हो?''

पियानो वादक ने उसकी ओर आश्चर्य से देखा, फिर, लगभग तुरंत ही, उसने वह संगीत बजाना शुरू कर दिया, जो वह वास्तव में बजाना चाहता था। तुरंत ही, पूरी तरह ख़ामोशी छा गई, और जब पियानो वादक ने वह संगीत बजा लिया, तो लोगों ने उत्साहपूर्वक तालियाँ बजाकर उसकी प्रशंसा की।

संत फ्रांसिस ऑफ़ असीसी उस वक़्त नगर के एक अत्यंत लोकप्रिय नौजवान हुआ करते थे, जब उन्होंने सब कुछ त्यागकर अपना काम करने का निश्चय किया था। संत क्लेयर ऑफ़ असीसी उस वक़्त एक सुंदर युवती थीं, जब उन्होंने ब्रह्मचर्य का व्रत लिया था। संत रोमन लुल अपने समय के महान बौद्धिक थे, जब उन्होंने दुनिया की ओर से पीठ मोड़ ली थी।

आध्यात्मिक खोज, सर्वप्रथम, एक चुनौती है। ऐसा कोई भी व्यक्ति, जो उसका इस्तेमाल अपनी समस्याओं से भागने के लिए करेगा, कभी बहुत दूर तक नहीं जा सकेगा।

एक मित्रहीन व्यक्ति का दुनिया से वैराग्य ले लेने का कोई मतलब नहीं है। अगर तुम इसलिए निर्धन जीवन जीने की शपथ लेते हो, क्योंकि तुम अपनी आजीविका कमाने में असमर्थ हो, तो ऐसी शपथ का कोई अर्थ नहीं है। अगर तुम वास्तव में कायर हो, तो तुम्हारे विनम्र होने का कोई अर्थ नहीं है।

अगर तुम्हारे पास कुछ है और फिर तुम उसका त्याग करते हो, तो यह एक चीज़ है। और अगर तुम्हारे पास कुछ है ही नहीं और तुम उन लोगों की निंदा करते हो, जिनके पास है, तो यह बिलकुल दूसरी चीज़ है। किसी नपुंसक व्यक्ति के लिए ब्रह्मचर्य का उपदेश देते फिरना बहुत आसान है, लेकिन उसके ऐसे उपदेश का क्या मूल्य है?

गुरु कहते हैं :

परमेश्वर के काम की सराहना करो। दुनिया में रहते हुए ख़ुद पर विजय पाना सीखो।

मुश्किल होना कितना आसान है। आपको केवल इतना ही करना है कि दूसरे लोगों से दूर रहें और इस तरह पीड़ा से दूर रहें, कभी भी प्रेम करने का, मोहभंग का, या अपने सपनों के कुचले जाने का जोखिम न उठाएँ।

मुश्किल होना कितना आसान है। आपको न तो फ़ोनों का जवाब देने की परवाह करने की ज़रूरत है, न उन लोगों की परवाह करने की ज़रूरत है, जो आपकी मदद चाहते हैं, और न ही उन कल्याणकारी कामों की परवाह करने की ज़रूरत है, जो आपको करने चाहिए।

मुश्किल होना कितना आसान है। आपको सिर्फ़ इतना भर ढोंग करने की ज़रूरत है कि आप अपनी बंद दुनिया में मगन हैं और आपको कभी एक भी आँसू बहाने की ज़रूरत नहीं पड़ती। इतना काफ़ी है कि आप एक भूमिका निभाते हुए अपना बाक़ी अस्तित्व बिता दें।

मुश्किल होना कितना आसान है। बस, आपको जीवन की सभी बेहतरीन चीज़ों को छोड़ना होगा।

मरीज़ अपने डॉक्टर की ओर मुड़ा :

''डॉक्टर, मेरे जीवन पर डर का इस क़दर वर्चस्व है कि मैं अब जीवन का आनंद ही नहीं ले पाता।''

इस पर डॉक्टर ने जवाब दिया :

''मेरे कन्सल्टिंग रूम में एक चूहा है, जो मेरी क़िताबों को कुतर रहा है। अगर मैं उस चूहे को लेकर उत्तेजित हो जाता हूँ, तो वह मुझसे दूर छिप जाएगा, और मैं उसको खोजने में अपना सारा समय बर्बाद कर दूँगा। इसलिए, मैंने अपनी सारी महत्त्वपूर्ण क़िताबें सुरक्षित स्थान पर रख दी हैं और दूसरी क़िताबें उसके कुतरने के लिए छोड़ दी हैं। इस तरह वह चूहा होना जारी रखे हुए है और दैत्य में नहीं बदल रहा है। किन्हीं चीज़ों से डरो और अपने भय को उन पर केंद्रित कर दो, ताकि तुम बाक़ी हर चीज़ के प्रति साहसी हो सको।''

पाओलो कोएलो

गुरु कहते हैं :

यह अक्सर आसान होता है कि तुम किसी के प्रेम-पात्र होने की बजाय किसी को प्रेम करो।

दूसरों की मदद और सहारे को स्वीकार करना हमें मुश्किल लगता है, लेकिन, स्वतंत्र दिखाई देने की हमारी कोशिश का अर्थ है कि कोई अन्य हमारे प्रति अपना प्रेम प्रदर्शित करने के अवसर का लाभ नहीं उठा पा रहा है।

बहुत-से अभिभावक, बुढ़ापे में, अपने बच्चों को यह मौक़ा ही नहीं देते कि वे उन्हें वैसा ही प्रेम कर सकें, वैसे ही सहारा दे सकें, जैसा प्रेम और सहारा उन्हें बचपन में मिला था। जब उन पर नियति की गाज गिरती है, तो बहुत-से पति (या पत्नियाँ) अपने जीवन-साथी पर निर्भर होने को लेकर शर्म महसूस करते हैं। यह चीज़ प्रेम के जल को फैलने से रोक देती है।

हमें उन प्रेमपूर्ण भंगिमाओं को स्वीकार करने की ज़रूरत है, जो हमारे साथ के अन्य मनुष्य हमारे प्रति दर्शाते हैं। हमें दूसरों को इस बात की

गुंजाइश देने की ज़रूरत है कि वे हमारी मदद कर सकें, हमें सहारा और शक्ति दे सकें ताकि हम अपने जीवन को जारी रख सकें।

अगर हम इस प्रेम को खुले हृदय से और विनम्रतापूर्वक स्वीकार करते हैं, तो हमें यह बात समझ में आएगी कि प्रेम देने या प्राप्त करने का नहीं, बल्कि साझा करने का मसला है।

ईव ईडन के बग़ीचे में टहल रही थी कि तभी साँप उसके पास पहुँचा।

''इस सेब को खाओ,'' उसने कहा।

ईव को परमेश्वर ने अच्छी तरह समझा रखा था, इसलिए उसने मना कर दिया।

''इस सेब को खाओ,'' साँप ने फिर से कहा, ''क्योंकि तुम्हें ज़रूरी है कि तुम अपने आदमी को अधिक-से-अधिक सुंदर दिख सको।''

''नहीं, मैं नहीं खाऊँगी,'' ईव ने जवाब दिया, ''क्योंकि उसके पास मेरे अलावा और कोई स्त्री नहीं है।''

साँप हँस दिया।

''ओह हाँ, उसके पास है।''

और जब ईव ने उसकी बात पर विश्वास नहीं किया, तो वह उसे पहाड़ी की चोटी पर ले गया, जहाँ एक कुआँ था।

''वह इस गुफ़ा के अंदर है। आदम ने उसे यहाँ छिपा रखा है।''

ईव ने पानी में झाँककर देखा, जहाँ उसे कुएँ के पानी में एक ख़ूबसूरत औरत प्रतिबिंबित होती दिखाई दी। इसके बाद वह बिलकुल भी नहीं हिचकिचाई और उसने वह सेब खा लिया, जो साँप उसे दे रहा था।

एक अज्ञात की ओर से 'मेरे हृदय के लिए ख़त' के अंश :

"प्रिय हृदय, मैं कभी तेरी निंदा नहीं करूँगी, आलोचना नहीं करूँगी, या तेरे शब्दों की वजह से तुम्हें शर्मिंदा नहीं करूँगी। मैं जानती हूँ कि तू परमेश्वर का एक प्रिय बच्चा है, और वह तुझे एक प्रेम-पगी, जगमगाती रोशनी में लपेटकर रखता है।

"मैं तुझ पर भरोसा करती हूँ, प्रिय हृदय। मैं तेरे पक्ष में हूँ, और, अपनी प्रार्थनाओं में मैं कृपाओं को तेरे ऊपर बरसने को और उस मदद और सहारे को पाने के लिए आग्रह करूँगी, जिसकी तुझे ज़रूरत है।

"प्रिय हृदय, मैं तेरे प्रेम पर भरोसा करती हूँ। मुझे भरोसा है कि तू उस प्रेम को उन लोगों से साझा करेगा, जो उसके सुपात्र हैं और जिन्हें उसकी ज़रूरत है। मेरा मार्ग तेरा मार्ग हो, और हम साथ मिलकर पवित्र आत्मा के पास चलें।

पाओलो कोएलो

''और मैं तुझसे आग्रह करती हूँ : मेहरबानी कर मुझ पर भरोसा कर। यह जान ले कि मैं तुझे प्रेम करती हूँ और मैं कोशिश कर रही हूँ कि तुझे वह आज़ादी दे सकूँ, जिसकी तुझे ज़रूरत है अगर तू आनंदपूर्वक मेरे सीने में धड़कना जारी रखना चाहता है। मैं यह सुनिश्चित करने के लिए भरसक प्रयत्न करूँगी कि तेरे इर्द-गिर्द मेरी मौजूदगी कभी तंग करने वाली न हो।''

गुरु कहते हैं :

जब हम कर्म करने का निश्चय करते हैं, तो यह स्वाभाविक ही है कि अनपेक्षित टकराव पैदा हों। यह भी स्वाभाविक है कि हमें चोट पहुँच सकती है।

घाव भर जाते हैं, और उनके दाग़ बचे रहते हैं, लेकिन वे नेमतें हैं। वे दाग़ बाक़ी जीवन भर हमारे साथ बने रहेंगे, और हमारे लिए बहुत मददगार साबित होंगे। अगर किसी बिंदु पर स्वार्थपूर्ण या अन्यथा तरीक़े से जिस किसी भी वजह से अतीत की ओर लौटने का आकर्षण बहुत प्रबल साबित होता है, तो हमें उन दाग़ों की ओर देखने भर की ज़रूरत है।

वे दाग़ हमें हथकड़ियों द्वारा छोड़े गए निशानों को दिखाएँगे, वे हमें जेल के डरावने अनुभव की याद दिलाएँगे, और फिर हम तनकर आगे बढ़ना जारी रखेंगे।

कोरिंथियन्स को लिखे अपने एपिस्टल में संत पॉल हमसे कहते हैं कि दया प्रेम का मुख्य लक्षण है।

हमें यह कभी नहीं भूलना चाहिए कि प्रेम दयालुतापूर्ण होता है। एक सख़्त आत्मा परमेश्वर के हाथ को कभी इस बात की छूट नहीं देगी कि वे उसे अपनी इच्छानुसार ढाल सकें।

मुसाफ़िर उत्तरी स्पेन में एक सँकरे रास्ते पर चला जा रहा था कि तभी उसे एक बग़ीचे में लेटा हुआ एक आदमी मिला।

''क्या तुम फूल चुन रहे हो?'' उसने पूछा।

''नहीं,'' आदमी ने जवाब दिया। ''मैं उनकी दयालुता को महसूस करने की कोशिश कर रहा हूँ।''

गुरु कहते हैं :

हर दिन प्रार्थना करो। भले ही तुम किन्हीं शब्दों का इस्तेमाल नहीं करते, कोई अनुरोध नहीं करते, तुम्हें यह भी नहीं मालूम कि तुम प्रार्थना क्यों कर रहे हो, तब भी प्रार्थना को अपनी आदत बना लो। अगर शुरू में यह मुश्किल प्रतीत हो, तो ख़ुद से कहो : ''इस सप्ताह मैं हर दिन प्रार्थना करूँगा।'' हर सातवें दिन इस वचन को दोहराओ।

ध्यान रहे कि तुम केवल आध्यात्मिक जगत के साथ एक क़रीबी रिश्ता भर नहीं जोड़ रहे हो, तुम अपने संकल्प को भी प्रशिक्षित कर रहे हो। इन रीतियों के माध्यम से ही हम वह अनुशासन विकसित करते हैं, जो जीवन के वास्तविक संघर्ष के लिए ज़रूरी होता है।

इसका कोई अर्थ नहीं कि आप अपने वचन को भूल जाएँ और अगले दिन दो बार प्रार्थना कर लें। न ही इसका कोई अर्थ है कि एक दिन में सात बार प्रार्थना कर लें और सप्ताह के बाक़ी दिन यह सोचते हुए बिता दें कि आपने अपना काम पूरा कर लिया।

कुछ चीज़ें एक निश्चित गति और लय के मुताबिक़ होने की माँग करती हैं।

एक बुरा आदमी मर जाता है और वह नर्क के द्वार पर एक देवदूत से मिलता है।

देवदूत उससे कहता है :

तुमने अगर इस जीवन में केवल एक अच्छा काम किया होगा, तो वह अच्छा काम तुम्हें बचा लेगा।

आदमी जवाब देता है :

''मैंने कभी कोई अच्छा काम नहीं किया।''

''दिमाग़ पर ज़ोर लगाओ,'' देवदूत कहता है।

तब उस आदमी को याद आता है कि एक बार, जब वह जंगल में चला जा रहा था, तब उसने रास्ते में एक मकड़ी को देखा था, और उसे कुचलने से बचाने के लिए वह जानबूझकर उसका चक्कर लगाकर निकला था।

देवदूत मुस्कराता है, और आसमान से मकड़ी के जाले का एक धागा नीचे गिरता है और वह आदमी स्वर्ग की यात्रा के लिए उस पर चढ़ जाता है, लेकिन, तभी उसके पीछे से एक और अभिशप्त आदमी उस धागे पर चढ़ने की कोशिश करता है, तो आदमी धागे के टूटने के डर से मुड़कर उस दूसरे को धकियाना शुरू कर देता है।

उसी पल, धागा टूट जाता है, और वह आदमी धड़ाम-से नर्क में जा गिरता है।

गिरते-गिरते उसे देवदूत की आवाज़ सुनाई देती है : ''क्या शर्मनाक बात है। तुम्हारे स्वार्थ ने तुम्हारे उस एक अच्छे कृत्य को बुरी चीज़ में बदल दिया।''

गुरु कहते हैं :

चौराहे पवित्र स्थल हैं। यही वह जगह है, जहाँ तीर्थयात्री को निर्णय लेना चाहिए। यही वजह है कि देवता चौराहों पर सोना और भोजन करना पसंद करते हैं।

जहाँ कहीं भी रास्ते एक-दूसरे को काटते हैं, दो शक्तिशाली ऊर्जाएँ एकत्र हो जाती हैं - वह रास्ता जो चुना जाएगा और वह रास्ता जिसे त्याग दिया जाएगा। दोनों एक रास्ता बन जाते हैं, लेकिन केवल बहुत थोड़े-से समय के लिए।

तीर्थयात्री थोड़ी देर विश्राम कर सकता है और सो सकता है, यहाँ तक कि उन देवताओं से परामर्श कर सकता है, जो उन चौराहों पर निवास करते हैं, लेकिन वहाँ हमेशा के लिए कोई नहीं रुक सकता; तीर्थयात्री एक बार जैसे ही चुनाव कर ले,उसे आगे बढ़ते रहना चाहिए और उस रास्ते के बारे में कभी नहीं सोचना चाहिए, जिसे अपनाया नहीं गया है।

अगर वह सोचता है, तो चौराहे अभिशाप बन जाते हैं।

मानव-प्रजाति ने सत्य के नाम पर निकृष्टतम अपराध किए हैं। मर्दों और औरतों को जलाया गया। समूची सभ्यताएँ नष्ट कर दी गईं।

जिन लोगों ने शारीरिक पाप किए थे, उन्हें बहिष्कृत कर दिया गया था। जिन लोगों ने भिन्न मार्ग चुना, उन्हें हाशिए पर धकेल दिया गया था।

उनमें से एक को 'सत्य' के नाम पर सलीब पर चढ़ा दिया गया, लेकिन वह मरने से पहले 'सत्य' की शानदार परिभाषा छोड़ गया।

यह वह नहीं है, जो हमें निश्चय प्रदान करता है।

यह वह नहीं है, जो हमें गंभीर विचार प्रदान करता है।

यह वह नहीं है, जो हमें दूसरों से बेहतर बनाता है।

यह वह नहीं है, जो हमें हमारे पूर्वाग्रहों की क़ैद में बंद रखता है।

सत्य वह है, जो हमें मुक्त करता है।

"सत्य को जानो," उसने कहा था, "और सत्य तुम्हें मुक्त कर देगा।"

स्केटिस मठ के एक संन्यासी ने एक बहुत ही संगीन ग़लती की। तब सबसे बुद्धिमान तपस्वी को उसके बारे में फ़ैसला सुनाने के लिए बुलाया गया।

तपस्वी ने पहले तो आने से मना कर दिया, लेकिन दूसरे संन्यासी इतना ज़ोर देते रहे कि अंततः वह आ गया, हालाँकि, सबसे पहले उसने एक बाल्टी ली और उसमें कई सारे छेद कर दिए, फिर उसने उसमें रेत भरी और मठ की ओर चल पड़ा।

जब मठाधीश पादरी ने उसे देखा, तो उन्होंने उससे उस बाल्टी के बारे में पूछा।

''मैं अपने एक साथी पर फ़ैसला देने आया हूँ,'' तपस्वी ने कहा। मेरे पाप मेरे पीछे उसी तरह छलक रहे हैं, जिस तरह इस बाल्टी से रेत छलक रही है, लेकिन, चूँकि मैं वापस मुड़कर नहीं देखता और इसलिए अपने पापों को नहीं देख सकता, इसीलिए मुझे मेरे साथी पर फ़ैसला देने के लिए बुलाया गया है!''

संन्यासियों ने तत्काल फ़ैसला किया कि वे किसी तरह की सज़ा नहीं देंगे।

पायरेनीज़ के एक छोटे-से गिरजाघर की दीवार पर लिखा हुआ था :

प्रभु, यह मोमबत्ती मेरे सभी निर्णयों और मुश्किलों को रोशन करती रहे।

यह एक आग हो, ताकि आप मेरे अंदर के सारे अहंकार, अभिमान और कलुष को जला सकें।

यह एक लपट हो, ताकि आप मेरे हृदय को ऊष्मा प्रदान कर सकें और मुझे प्रेम करना सिखा सकें।

मैं बहुत देर तक आपके गिरजाघर में नहीं रुक सकता, लेकिन इस मोमबत्ती को जलता छोड़ देने से मेरा एक छोटा-सा अंश यहाँ बना रहेगा, और मेरी प्रार्थना को उस सब कुछ तक पहुँचाने में मेरी मदद करेगा, जो मैं आज करता हूँ। आमीन।

मुसाफ़िर के एक दोस्त ने नेपाल के एक मठ में कुछ सप्ताह गुज़ारने का निश्चय किया। एक दोपहर, वह मठ के अनेक पूजा-स्थलों में से एक पूजा-स्थल पर गया, जहाँ उसे वेदी पर बैठा मुस्कराता हुआ एक संन्यासी दिखाई दिया।

''आप मुस्करा क्यों रहे हैं?'' उसने संन्यासी से पूछा।

''क्योंकि मुझे अभी-अभी केलों का मतलब समझ में आ गया है,'' संन्यासी ने कहा, और अपने थैले को खोलकर उसमें से एक सड़ा हुआ केला निकाला। ''यह वह जीवन है, जो गुज़र चुका है और जिसका सही वक़्त पर पूरा आनंद लेने से हम चूक गए, और अब बहुत देर हो चुकी है।''

फिर उसने थैले से एक केला निकाला, जो अभी भी बहुत हरा था।

''उसने उसे ऊपर उठाया और फिर से दूर रख दिया।

''यह वह जीवन है, जो अभी तक घटित नहीं हुआ है, और उसे अपने समय का इंतज़ार करना चाहिए,'' उसने कहा।

अंत में उसने थैले से एक पूरी तरह पका हुआ केला निकाला, उसका छिलका उतारा, और उसे मुसाफ़िर के दोस्त के साथ बाँटकर खाया। खाते हुए उसने कहा :''यह वर्तमान क्षण है। इसे बिना डरे जीना सीखो।''

बेबी कोन्सुएलो अपने और अपने बेटे के फ़िल्मों के टिकट के लिए उचित धनराशि लेकर निकली थी।

लड़का बहुत ही उत्साहित था और लगातार पूछे जा रहा था कि क्या वे वहाँ पहुँच गए हैं।

जब वे रेड लाइट पर पहुँचे, तो बेबी ने फ़ुटपाथ पर बैठे एक भिखारी को देखा, हालाँकि वह भीख नहीं माँग रहा था। उसे एक आवाज़ सुनाई दी, जो कह रही थी :

''तुम्हारे पास जितना भी पैसा है, वह सारा-का-सारा उसे दे दो।''

बेबी ने उस आवाज़ के साथ बहस की; आख़िर उसने अपने बेटे को फ़िल्म देखने ले जाने का वचन दिया था।

''उसे दे दो,'' आवाज़ ने कहा।

''मैं उसे आधा दे सकती हूँ, तब मेरा बेटा अकेले ही फ़िल्म देख सकेगा, और मैं बाहर इंतज़ार करूँगी,'' उसने कहा।

लेकिन वह आवाज़ बहस करने के मूड में नहीं थी।

''उसे सारा पैसा दे दो।''

बेबी के पास अपने बेटे को वह समझाने का वक़्त नहीं था, जो वह कर रही थी। उसने कार रोकी और सारा पैसा उस भिखारी को दे दिया।

''परमेश्वर है, और तुम उसका सबूत हो,'' भिखारी ने कहा। ''आज मेरा जन्मदिन है। मैं उदासी और शर्मिंदगी महसूस कर रहा था कि मैं अभी भी भीख माँग रहा हूँ। इसलिए मैं आज भीख न माँगने का निश्चय करके यह सोच रहा था : अगर परमेश्वर है, तो वह मुझे उपहार देगा।''

मक्तूब

एक तीर्थयात्री तूफ़ान के बीच एक गाँव से होकर गुज़र रहा है, और वह एक मकान को जलते हुए देखता है।

वह जैसे ही क़रीब पहुँचता है, वह देखता है कि एक आदमी अभी भी उस जलते हुए मकान की बैठक में बैठा हुआ है और लपटें उसकी आँखों की ऊँचाई तक उठी हुई हैं।

''ए भाई, तेरे घर में आग लगी है,'' तीर्थयात्री चिल्लाता है।

''मुझे मालूम है,'' वह आदमी कहता है।

''तुम वहाँ से हट क्यों नहीं जाते?''

''क्योंकि बाहर बारिश हो रही है,'' वह आदमी कहता है। ''और मेरी माँ ने कहा था अगर तुम बारिश में फँस गए, तो तुम्हें निमोनिया हो जाएगा।''

ज़ाओ ची टिप्पणी करते हैं :

''अक़्लमन्द वह है, जो जानता है कि ज़रूरत पड़ने पर अपनी स्थिति को कैसे बदलना है।''

कुछ जादुई परंपराओं में, शिष्य वर्ष का एक दिन - या ज़रूरी हुआ, तो एक सप्ताह - अपने घर की सारी वस्तुओं से संपर्क करते हुए बिताते हैं।

वे हर एक चीज़ को छूते हैं और ऊँची आवाज़ में पूछते हैं :

''क्या मुझे वाक़ई इसकी ज़रूरत है?''

वे शेल्फ़ से क़िताबें उठाते हैं।

''क्या मैं इसे कभी दोबारा पढ़ूँगा?''

वे विभिन्न स्मारिकाएँ उठाते हैं।

''ये मुझे जिस समय की याद दिलाती हैं, क्या मैं उसे अभी भी महत्त्वपूर्ण मानता हूँ?''

वे अपनी अल्मारियाँ खोलते हैं।

''यह मेरे पास एक ज़माने से पड़ी हुई है और मैंने इसे कभी नहीं पहना। क्या मुझे वाक़ई इसकी ज़रूरत है?''

गुरु कहते हैं :

चीज़ों की अपनी ऊर्जा होती है। जब उनका इस्तेमाल नहीं किया जाता, तो वे ठहरे हुए पानी की तरह हो जाती हैं, मच्छरों और क्षरण के लिए एक अच्छी जगह।

तुम्हें चौकन्ना रहने और ऊर्जा को मुक्त प्रवाहित होने देने की ज़रूरत है। अगर तुम पुरानी चीज़ों से छुटकारा नहीं पाते हो, तो नई चीज़ों के प्रति ख़ुद को उजागर करने के लिए कोई जगह नहीं होगी।

पाओलो कोएलो

एक पुरानी पेरूवियाई किंवदंती एक ऐसे शहर के बारे में बात करती है, जहाँ हर कोई सुखी था। उसके बाशिंदे अपनी मर्ज़ी के मुताबिक़ सब काम करते थे और एक-दूसरे के साथ मिल-जुलकर रहते थे, सिवाय वहाँ के गवर्नर के, जिसकी हालत इसलिए दयनीय थी, क्योंकि उसे कोई शासन करने की ज़रूरत नहीं पड़ती थी।

जेल ख़ाली पड़ी हुई थी, अदालत का कोई इस्तेमाल नहीं था, और नोटरी का कार्यालय कोई पैसे नहीं बना पाता था, क्योंकि व्यक्ति की ज़बान काग़ज़ के टुकड़ों से ज़्यादा मूल्यवान थीं।

एक दिन, निरीक्षक ने शहर से बाहर के कुछ कामगारों को तलब किया, और उन्होंने स्वयं को मुख्य चौराहे के बीच एक पर्दे के पीछे बंद कर लिया, जहाँ हथौड़े और आरी की आवाज़ भर सुनाई देती थी।

एक सप्ताह बाद, गवर्नर ने उद्‌घाटन के लिए सारे नागरिकों को आमंत्रित किया। पूरे उत्सव के साथ पर्दा हटाया गया और वहाँ उन्हें फाँसी का फंदा दिखाई दिया।

लोगों ने उस फंदे के बारे में पूछताछ की। अनिश्चय और डर से भरे वे एक ऐसी चीज़ के लिए अदालत के चक्कर लगाने लगे, जो पहले आपसी सहमति से हल हो जाती थी। वे दस्तावेज़ों का पंजीकरण करने के लिए नोटरी के कार्यालय में गए, जबकि उसके पहले तक उनकी ज़बान

काफ़ी हुआ करती थी। क़ानून को लेकर संदेह से भरे उन लोगों ने गवर्नर की बात फिर से सुनी।

किंवदंती बताती है कि फाँसी के उस फंदे का इस्तेमाल कभी नहीं किया गया, लेकिन उसकी मौजूदगी मात्र ने सब कुछ बदल दिया था।

ऑस्ट्रियन मनोचिकित्सक विक्टर फ्रेंक़ल नाज़ी कॉन्सेंट्रेशन कैंप का अपना अनुभव बयान करते हैं, और बताते हैं कि किस तरह तमाम अपमानों के बीच एक साथी कैदी ने उनके कान में फुसफुसाकर कहा था : '''काश हमारी बीवियाँ हमें इस वक़्त देख पातीं!'... उसकी इस बात से मुझे अपनी बीवी का ख़याल आ गया...और जैसे-जैसे हम मीलों तक लड़खड़ाते चलते गए, बर्फ़ीली ज़मीन पर फिसलते रहे, बार-बार एक-दूसरे को सहारा देते रहे, एक-दूसरे को आगे घसीटते रहे, तब कोई कुछ नहीं बोला, लेकिन हम दोनों जानते थे कि हम दोनों ही अपनी-अपनी बीवियों के बारे में सोच रहे थे...

''तब मुझे इंसान की रची कविता और इंसान के विचार में निहित इस सबसे बड़े रहस्य का अर्थ समझ में आया :*मनुष्य की मुक्ति प्रेम के माध्यम से और प्रेम में है।* मुझे समझ में आया कि किस तरह एक आदमी जिसके पास इस दुनिया में कुछ भी नहीं बचा है, अपनी प्रेयसी के बारे में सोचते हुए, पल भर के लिए ही सही, परम आनंद का अनुभव कर सकता है। नितांत हताशा की दशा में, जब आदमी ख़ुद को सकारात्मक कर्म के माध्यम से अभिव्यक्त नहीं कर सकता, जब उसकी एक मात्र उपलब्धि अपने दुखों को ठीक तरह से - सम्मानजनक ढंग से - सहने में निहित होती है, ऐसी दशा में भी आदमी अपनी प्रेयसी की छवि का प्रेमपूर्ण ध्यान करते हुए, आत्मतृप्ति हासिल कर सकता है...

मक्तूब

“मुझे नहीं मालूम था कि मेरी बीवी जीवित है या नहीं, और मेरे पास यह पता लगाने का कोई उपाय भी नहीं था...लेकिन उस क्षण यह बात बेमानी हो उठी थी। मुझे जानने की ज़रूरत नहीं थी; कोई भी चीज़ मेरे प्रेम की सामर्थ्य को, मेरे विचार और मेरी प्रेयसी की छवि को छू नहीं सकती थी। अगर मुझे तब पता होता कि मेरी बीवी मर चुकी है, तब भी, मैं समझता हूँ कि मैंने ख़ुद को, उस जानकारी से अविचलित रहते हुए, उसकी छवि के ध्यान में लगा दिया होता, और उसके साथ मेरा मानसिक वार्तालाप उतना ही जीवंत और संतोषजनक होता। ‘मुझे अपने हृदय पर मुहर की भाँति अंकित कर लो, प्रेम उतना ही प्रबल है, जितनी मृत्यु।”

पाओलो कोएलो

गुरु कहते हैं :

अब के बाद से - और अगले कुछ सौ वर्षों तक - विश्व उन तमाम लोगों का बहिष्कार करने वाला है, जिनके दिमाग़ में पहले से स्थिर कर ली गई धारणाएँ हैं।

पृथ्वी की ऊर्जा का नवीनीकरण ज़रूरी है। नए विचारों के लिए जगह चाहिए। देह और आत्मा के लिए नई चुनौतियों की ज़रूरत है। भविष्य हमारे दरवाज़ों पर दस्तक दे रहा है, और सारे विचार - उनसे इतर जो विशुद्ध पूर्वग्रहों पर आधारित हैं - को प्रवेश की गुंजाइश होगी।

जो भी कुछ महत्त्वपूर्ण है, वह बना रहेगा, और जो भी कुछ अनुपयोगी है, वह मिट जाएगा, लेकिन हममें से हर एक को, अपने साथी मनुष्यों के सपनों का नहीं, बल्कि केवल अपनी सफलताओं का मूल्यांकन करना चाहिए।

अपने चुने हुए रास्ते में आस्था बनाए रखने के लिए हमें दूसरे व्यक्ति के मार्ग को ग़लत साबित करने की आवश्यकता नहीं है। कोई भी व्यक्ति जो ऐसा करता है, उसका अपने क़दमों पर कोई आत्मविश्वास नहीं है।

जीवन एक लंबी साइकल रेस की तरह है, जिसका लक्ष्य अपने पर्सनल लीजेंड को पूरा करना है।

शुरू में, हम सब साथ होते हैं, भाईचारे और उत्साह को साझा करते हुए, लेकिन जैसे-जैसे रेस आगे बढ़ती है, वैसे-वैसे वास्तविक चुनौतियाँ यानी थकान, ऊब और आत्मसंदेह आदि उस शुरुआती उत्तेजना की जगह ले लेती हैं। हम देखते हैं कि हमारे कुछ दोस्तों ने हार मंज़ूर कर ली है; वे अभी भी साइकल चला रहे हैं, लेकिन सिर्फ़ इसलिए, क्योंकि वे बीच रास्ते में नहीं रुक सकते। उनमें से कई सपोर्ट वैन की बग़ल में पैडलमार रहे होते हैं और एक-दूसरे से गप लगाते हुए गतिशील भर बने हुए होते हैं।

अंत में, हमें वे दिखाई देना बंद हो जाते हैं, और हम अकेलेपन और उन आकस्मिकताओं का सामना करने को विवश होते हैं, जो हर अपरिचित मोड़ पर हमारा इंतज़ार कर रही होती हैं, उन समस्याओं का तो ज़िक्र ही क्या किया जाए, जो हमारी साइकल के साथ जुड़ी होती हैं।

हम अंत में यही पूछते रह जाते हैं कि क्या यह सब इतनी मेहनत करने लायक़ है भी।

हाँ, वह है। हार मत मानो।

पाओलो कोएलो

गुरु और शिष्य अरब के रेगिस्तानों के रास्ते यात्रा कर रहे हैं। गुरु यात्रा के ज़्यादातर समय में अपने शिष्य को आस्था के बारे में उपदेश देता रहता है।

''सब कुछ परमेश्वर पर छोड़ दो,'' वह कहता है। ''परमेश्वर अपने बच्चों को कभी नहीं त्यागता।

रात में जब वे कैंप तैयार करते हैं, तो गुरु शिष्य से घोड़ों को पास की चट्टान से बाँध देने को कहता है। शिष्य चट्टान तक जाता है, तभी उसे गुरु का उपदेश याद आ जाता है। ''वह मेरी परीक्षा ले रहे हैं,'' वह सोचता है। ''मुझे घोड़ों को परमेश्वर के भरोसे छोड़ देना चाहिए।'' और वह घोड़ों को बिना बाँधे छोड़कर आ जाता है।

सुबह, वह पाता है कि घोड़े भाग गए हैं। वह गुस्से में भरकर गुरु के पास जाता है।

''आप परमेश्वर के बारे में कुछ नहीं जानते,'' वह कहता है। ''मैंने घोड़ों को उसकी देखरेख में सौंप दिया था और वे भाग गए।''

''परमेश्वर घोड़ों की देखभाल करना चाहता था,'' गुरु कहते हैं। ''लेकिन ऐसा करने के लिए उसे ज़रूरी था कि तुम्हारे हाथ उन्हें सुरक्षित ढंग से चट्टान से बाँध देते।''

''शायद परमेश्वर ने आत्माओं को बचाने के लिए अपने कुछ अनुयायियों को नर्क की आग में भेजा है,'' जॉन कहता है। ''सब कुछ समाप्त नहीं हुआ है, वहाँ भी नहीं।''

यह विचार मुसाफ़िर को आश्चर्य में डाल देता है। जॉन लॉस ऐंजेलस में फ़ायरमैन है और आज उसकी छुट्टी का दिन है।

''तुम ऐसा क्यों कहते हो?'' मुसाफ़िर पूछता है।

''क्योंकि मैं जानता हूँ कि नर्क की आग कैसी होती है। मैंने उसे यहाँ पृथ्वी पर अनुभव किया है। मैं जलती हुई इमारतों में जाता हूँ, मैं हताश लोगों को भागने की कोशिश करते देखता हूँ, और उन्हें बचाने के लिए मुझे अक्सर अपनी जान को जोखिम में डालना पड़ जाता है। मैं इस विराट विश्व में एक छोटा-सा कण हूँ, जो अनेक अग्निकांडों के बीच एक हीरो की तरह आचरण करने के लिए बाध्य हूँ। अगर मैं नाचीज़ यह कर सकता हूँ, तो कल्पना करो कि ईसा क्या नहीं कर सकते होंगे! मुझे पक्का यक़ीन है कि उनके कुछ अनुयायी आत्माओं को बचाने के लिए वहाँ नर्क में होंगे।''

गुरु कहते हैं :

अनेक आदिम सभ्यताओं में मृतक को भ्रूण जैसी मुद्रा में दफ़नाने का रिवाज़ था। ''उसे दूसरा जन्म लेना है, और इसलिए हम उसे उसी मुद्रा में क़ब्र में रखते हैं, जिस मुद्रा में वह इस दुनिया में आया था,'' वे कहते थे। रूपांतरण के चमत्कार के निरंतर संपर्क में रहने वाली उन सभ्यताओं के लिए मृत्यु विश्व के लंबे मार्ग पर रखा गया महज़ एक और क़दम था।

दुनिया ने धीरे-धीरे मृत्यु के प्रति वह सौम्य दृष्टिकोण खो दिया, लेकिन इससे फ़र्क़ नहीं पड़ता कि हम क्या सोचते या करते हैं या हमारा क्या विश्वास है : एक दिन हम सब मर जाएँगे।

सबसे अच्छा है कि प्राचीन याकुई इंडियन्स का रवैया अपनाया जाए : मृत्यु को एक परामर्शदाता की तरह इस्तेमाल करो, और लगातार पूछते रहो, ''चूँकि मेरा मरना तय है, मुझे अभी क्या करना चाहिए?''

जीवन परामर्श माँगने या देने का मसला नहीं है। अगर हमें मदद की ज़रूरत है, तो यह देखना सबसे अच्छा है कि दूसरे लोग अपनी समस्याओं को किस तरह हल करते हैं या वैसा करने में नाकामयाब रहते हैं।

हमारा देवदूत हमेशा उपस्थित होता है, और अक्सर दूसरों के मुख से निकलने वाले शब्दों में जवाब देता है और वह जवाब सामान्यत: संयोग से आता है जब, हम चाहे कितने ही तल्लीन क्यों न हों, हम तब भी अपनी चिंताओं को यह छूट नहीं दे रहे होते हैं कि वे जीवन के चमत्कार को धुँधला दें।

बेहतर है कि हम अपने देवदूत को जब उसे ज़रूरी लगे, तब उसी तरह बोलने दें, जिसकी उसे आदत है।

गुरु कहते हैं :

परामर्श जीवन का सिद्धांत है, लेकिन व्यवहार बहुत अलग होता है।

एक दिन, रियो दे जेनेरियो की कैरिस्मेटिक रिन्यूवल चर्च से संबंधित एक पादरी बस में बैठा हुआ था, जब उसे एक आवाज़ सुनाई दी, जो उससे कह रही थी कि वह उसी वक़्त उसी जगह खड़ा होकर ईसा की वाणी का उपदेश करे। उसने उस आवाज़ से कहा :

''लोग मुझे हास्यास्पद समझेंगे। यह उपदेश देने की जगह नहीं है।''

लेकिन उसके अंदर कोई शक्ति लगातार ज़ोर दे रही थी कि वह बोले।

''देखो, मैं वाक़ई शर्मीला हूँ, प्लीज़ मुझसे यह करने को मत कहो,'' उसने निवेदन किया।

अंदर की आवाज़ अपनी ज़िद पर अड़ी रही।

तभी उसे उस वादे की याद आई, जो उसने किया था : ईसा जो कुछ भी करने को कहें, उसे स्वीकार करना। भारी शर्मिंदगी महसूस करता हुआ, वह खड़ा हो गया और गॉस्पेल के बारे में बोलने लगा। दूसरे यात्री ख़ामोश होकर उसे सुनने लगे। उसने हर व्यक्ति की ओर देखा, और उनमें से किसी ने भी आँखें नहीं फेरीं। उसने वह सब कुछ कहा, जो उसके दिल में था, और फिर जब उसका उपदेश समाप्त हो गया, तो वह बैठ गया।

वह आज भी नहीं जानता कि उस क्षण उसने कौन-सा कर्तव्य पूरा किया था, लेकिन वह इस बात को लेकर पूरी तरह निश्चित है कि उसने कोई कर्तव्य पूरा किया था।

एक अफ़्रीकी ओझा अपने चेले को लेकर जंगल में चला जा रहा है। बावजूद इसके कि उसकी उम्र चेले से ज़्यादा है, वह बहुत फुर्ती-से चलता है, जबकि उसका चेला बार-बार फ़िसलता और गिर पड़ता है। चेला धिक्कारता है, उठ खड़ा होता है, उस ऊबड़-खाबड़ ज़मीन पर थूकता है, और अपने गुरु के पीछे-पीछे चलता जाता है।

एक लंबा रास्ता पार करने के बाद वे एक पवित्र स्थल पर पहुँचते हैं। ओझा, पल भर को भी रुके बग़ैर, तुरंत मुड़ता है और वापस चलने लगता है।

''आज आपने मुझे कुछ भी नहीं सिखाया,'' चेला एक बार फिर गिरकर कहता है।

''मैंने सिखाया है, लेकिन लगता है तुम सीखने में नाकामयाब रहे हो,'' ओझा कहता है। ''मैं तुम्हें यह शिक्षा देने की कोशिश कर रहा हूँ कि जीवन में तुम जो ग़लतियाँ करते हो, उनसे कैसे निपटा जाए।''

''मुझे उनसे किस तरह निपटना चाहिए?''

''ठीक उसी तरह जैसे हर बार जब तुम गिरते हो,'' ओझा कहता है। ''जिस जगह तुम गिरते हो, उस जगह को गालियाँ बकने की बजाय तुम्हें यह देखना चाहिए कि वह क्या चीज़ है, जिसकी वजह से तुम गिरते हो।''

एक शाम, मठाधीश पादरी स्केटिस मठ का दौरा कर रहे थे कि तभी एक संन्यासी उनसे मिलने आया।

''मेरा आध्यात्मिक परामर्शदाता नहीं जानता कि वह किस तरह मेरा मार्गदर्शन करे,'' संन्यासी ने कहा। ''क्या मुझे उसे छोड़ देना चाहिए?''

मठाधीश पादरी ने कुछ नहीं कहा, और वह संन्यासी रेगिस्तान में लौट गया। एक सप्ताह बाद वह फिर मठाधीश पादरी के पास गया।

''मेरा आध्यात्मिक परामर्शदाता नहीं जानता कि वह किस तरह मेरा मार्गदर्शन करे,'' उसने फिर कहा। ''मैंने उसे छोड़ देने का फ़ैसला किया है।''

''ये बुद्धिमत्तापूर्ण शब्द हैं,'' मठाधीश पादरी ने कहा। ''जब कोई आदमी देखता है कि उसकी आत्मा संतुष्ट नहीं है, तो वह परामर्श नहीं लेता। वह इस जीवन की अपनी यात्रा को सुरक्षित रखने के लिए आवश्यक निर्णय लेता है।

एक युवती मुसाफ़िर के पास जाती है और कहती है :

''मैं तुमसे कुछ कहना चाहती हूँ। मैं हमेशा यह मानती रही हूँ कि मुझमें लोगों को चंगा कर देने की शक्ति है, लेकिन मैंने इसकी कोशिश करने की हिम्मत कभी नहीं दिखाई थी, फिर, एक दिन, मेरे पति को बाएँ पैर में भयानक दर्द हुआ, और चूँकि वहाँ आस-पास मदद करने वाला कोई नहीं था, मैंने अत्यंत संकोच महसूस करते हुए अपने हाथ उसके पैर पर रखते हुए दर्द के ग़ायब हो जाने की प्रार्थना करने का निश्चय किया।

''यह मैंने वास्तव में इस विश्वास के बग़ैर किया था कि मैं उसकी कोई मदद कर पाऊँगी, लेकिन तभी मैंने देखा कि मेरा पति प्रार्थना कर रहा था : 'हे प्रभु, मेरी बीवी तेरे प्रकाश और तेरी शक्ति की संदेशवाहक हो।' मेरे हाथ गर्म होने लगे, और मेरे पति का दर्द जल्दी ही ठीक हो गया।

''फिर मैंने अपने पति से पूछा कि उसने वह प्रार्थना क्यों की थी। मुझे आत्मविश्वास प्रदान करने के लिए, उसने कहा। अब, उन शब्दों की वजह से मैं लोगों को चंगा कर सकती हूँ।''

दार्शनिक एरिस्टीपस सिरेक्यूज़ के तानाशाह डायनीसियस[1] से अनुग्रह का निवेदन कर रहा था।

एक शाम उसने पाया कि डायोजेनिस अपने लिए लेन्टिल्स का व्यंजन तैयार कर रहा था।

''अगर तुम डायनीसियस के सामने सिर नवाओ तो तुम्हें लेन्टिल्स खाने की ज़रूरत नहीं पड़ेगी,'' एरिस्टीपस ने कहा।

''अगर तुम लेन्टिल्स खाने के लिए तैयार हो जाओ, तो तुम्हें डायनीसियस के सामने सिर झुकाने की ज़रूरत नहीं पड़ेगी,'' डायोजेनिस ने तपाक से उत्तर दिया।

गुरु कहते हैं :

जहाँ यह बात सच है कि हर चीज़ की एक क़ीमत है, वहीं वह क़ीमत सापेक्षिक है। जब हम अपने सपनों का अनुसरण करते हैं, हम कभी-कभी दूसरों पर यह प्रभाव छोड़ सकते हैं कि हम दयनीय, दुखी, अभागे हैं, लेकिन दूसरे लोग क्या सोचते हैं, इससे फ़र्क़ नहीं पड़ता, हमारे हृदय का आनंद मायने रखता है।

तुर्की में रहने वाले एक आदमी ने फ़ारस में रहने वाले एक महान उस्ताद का क़िस्सा सुना।

वह हिचकिचाया नहीं; उसने अपना सामान बेचा, अपने परिवार को अलविदा कहा और ज्ञान की खोज में निकल पड़ा।

कई वर्षों का सफ़र करने के बाद, आख़िर वह उस कोठरी तक पहुँचा, जहाँ वह उस्ताद रहता था। डर और आदर की भावना से ओतप्रोत उसने कोठरी के दरवाज़े पर दस्तक दी।

महान उस्ताद ने दरवाज़ा खोला।

''मैं लंबा सफ़र करके तुर्की से आ रहा हूँ,'' उस आदमी ने कहा। ''मैंने महज़ एक सवाल पूछने की ख़ातिर यह पूरा सफ़र किया है।''

बूढ़े ने उसे आश्चर्य से देखा।

''ठीक है। तुम सिर्फ़ एक सवाल पूछ सकते हो।''

''मैं जो पूछना चाहता हूँ, उसके बारे में मुझे पूरी तरह स्पष्ट होने की ज़रूरत है। क्या मैं तुर्की में पूछ सकता हूँ?''

“हाँ,” उस्ताद ने कहा, “मैंने अब तुम्हारे सवाल का जवाब दे दिया है। अगर तुम कुछ और जानना चाहते हो, तो अपने दिल से पूछो, वह तुम्हें जवाब देगा।”

और इतना कहकर उसने दरवाज़ा बंद कर दिया।

गुरु कहते हैं :

शब्द शक्ति है। शब्द दुनिया और मानव जाति को रूपांतरित कर देते हैं।

हम सबसे कहा गया है : ''अपने जीवन की अच्छी चीज़ों के बारे में बात मत करो, क्योंकि दूसरे लोगों की ईर्ष्या तुम्हारे सुख को तबाह कर देगी।''

क़तई नहीं; जीवन के विजेता अपने जीवन के चमत्कारों के बारे में गर्वपूर्वक बात करते हैं। अगर तुम हवा में सकारात्मक ऊर्जा पहुँचाओगे, तो वह और भी ज़्यादा सकारात्मक ऊर्जा को आकर्षित करेगी, और उन लोगों को आनंदित करेगी, जो तुमसे सच्चा प्रेम करते हैं।

जहाँ तक ईर्ष्यालुओं और पराजितों का सवाल है, तो वे तुम्हें तभी नुक़सान पहुँचाएँगे, जब तुम उन्हें वैसा करने दोगे।

डरो मत। अपने जीवन की अच्छी चीज़ों के बारे में उन लोगों से बात करो, जो उन्हें सुनना चाहते हैं। विश्व की आत्मा को तुम्हारे आनंद की बहुत ज़रूरत है।

एक समय स्पेन में एक राजा था, जिसे अपनी वंशावली पर बहुत गर्व था और जो कमज़ोरों के प्रति क्रूर होने के लिए जाना जाता था। एक दिन वह अपने परिजनों के साथ यात्रा के दौरान अरागाँ के मैदान से गुज़र रहा था, जहाँ वर्षों पहले उसका पिता एक युद्ध में हार गया था।

वहाँ उसे एक पादरी मिला, जो हड्डियों के बहुत बड़े ढेर में कुछ खोज रहा था।

''यह तुम क्या कर रहे हो?'' राजा ने पूछा।

''महामहिम,'' पादरी ने कहा। ''जब मैंने सुना कि स्पेन के महाराज यहाँ आ रहे हैं, तो मैंने आपके पिता की अस्थियों को खोजकर आपको देने का निश्चय किया, लेकिन अपनी कितनी भी मेहनत के बाद मैं उन्हें खोज नहीं सका। वे ठीक वैसी ही हैं, जैसी किसानों, निर्धनों, भिखारियों और गुलामों की हैं।''

कवि लेंग्स्टन ह्यूज अपनी कविता 'द नीग्रो स्पीक्स ऑफ़ रिवर्स' में कहते हैं :

मैंने नदियों को जाना है:

मैंने उन नदियों को जाना है, जो दुनिया की तरह प्राचीन हैं और मनुष्य की शिराओं में बहते रक्त जितनी पुरानी हैं।

मेरी आत्मा नदियों की भाँति गहरी हो गई है।

मैंने युफ़ारेट्स में स्नान किया था, जब सुबह नौजवान हुआ करती थीं।

मैंने कांगो के क़रीब अपनी झोपड़ी बनाई थी और उसने मुझे सुला दिया था।

मैंने नील पर विचार किया था और उस पर पिरामिड खड़े किए थे।

जब एब लिंकन न्यू ऑर्लियंस गये थे, तब मैंने मिसीसिपी को गाते हुए सुना था, और मैंने उसके कीचड़-सने वक्ष को सूर्यास्त के समय सुनहरा होते देखा है।

मैंने नदियों को जाना है :

प्राचीन, मटमैली नदियों को।

मेरी आत्मा नदियों की तरह गहरी हो गई है।

''एक सर्वश्रेष्ठ तलवारबाज़ के कौन-से गुण होते हैं?'' योद्धा ने पूछा।

''मठ के पास के मैदान में जाओ,'' गुरु ने कहा। ''वहाँ तुम्हें एक चट्टान मिलेगी। उसका अपमान करो।''

''मैं यह क्यों करूँ?'' शिष्य ने पूछा। ''चट्टान मुझे वापस कोई जवाब तो देगी नहीं।''

''तब तुम उसपर अपनी तलवार से हमला करना,'' गुरु ने कहा।

''मैं यह भी नहीं करूँगा,'' शिष्य ने कहा। ''मेरी तलवार टूट जाएगी। और अगर मैंने ख़ाली हाथों से उस पर हमला किया, तो मेरी अँगुलियों में चोट लगेगी, और इस सबका कोई फ़ायदा भी नहीं होगा। मेरा सवाल यह था : एक सर्वश्रेष्ठ तलवारबाज़ के क्या गुण होते हैं?''

''सर्वश्रेष्ठ तलवारबाज़ उस चट्टान से मिलता-जुलता होता है,'' गुरु ने कहा। ''अपनी तलवार म्यान से निकाले बिना भी, वह यह जता देता है कि उसे कोई पराजित नहीं कर सकता।''

मुसाफ़िर नवारा, स्पेन में सेन मार्तिन दे अनक्स के छोटे-से गाँव में पहुँचता है और उस औरत को खोजने में सफल होता है, जिसके पास लगभग खंडहर हो चुके एक गाँव के ख़ूबसूरत रोमनेस्क़ चर्च की चाबियाँ हैं। वह बहुत ही सज्जनतापूर्वक उसे सँकरी गलियों के रास्ते ले जाती है और चर्च का दरवाज़ा खोल देती है।

मुसाफ़िर को उस मध्ययुगीन पूजा-स्थल का अँधेरा और उसकी ख़ामोशी बहुत गहराई से प्रभावित करती है। वह औरत से थोड़ी-सी बातचीत करता है और उसी बातचीत के एक मक़ाम पर टिप्पणी करता है कि बावजूद इसके कि अभी दोपहर का वक़्त है, तब वे अंदर की ख़ूबसूरत कलाकृतियों को बमुश्किल ही देख सकते हैं।

''हम केवल भोर की रोशनी में ही उनकी बारीकियाँ देख सकते हैं,'' औरत कहती है। ''किंवदंती है कि इस चर्च का निर्माता हमें यही सिखाना चाहता था कि परमेश्वर एक निर्धारित समय पर ही अपनी महिमा के दर्शन कराते हैं।''

गुरु कहते हैं :

दो देवता हैं। एक वह देवता, जिसके बारे में हमारे शिक्षकों ने हमें पढ़ाया है और दूसरा वह देवता, जो हमें शिक्षा देता है। एक वह देवता, जिसके बारे में लोग आम तौर से बात करते हैं और दूसरा वह, जो हमसे बात करता है। एक वह देवता, जिससे हम डरना सीखते हैं और दूसरा वह देवता, जो हमसे दयालुता की बात करता है।

दो देवता हैं। एक वह देवता, जो बहुत ऊँचाई पर रहता है, और दूसरा वह देवता, जो हमारे रोज़मर्रा जीवन में हिस्सा लेता है। एक वह देवता, जो हमसे भुगतान की माँग करता है और दूसरा वह देवता जो हमारे ऋणों को माफ़ कर देता है। एक वह देवता, जो हमें नर्क की आग से डराता है और दूसरा वह देवता, जो हमें सबसे अच्छा मार्ग दिखाता है।

दो देवता हैं। एक वह देवता, जो हमें हमारे बहुत सारे गुनाहों से कुचलता है, और दूसरा वह देवता, जो अपने प्रेम से हमें मुक्त करता है।

किसी ने माइकल एंजेलो से पूछा कि आप इतनी भव्य कलाकृतियाँ कैसे रच सके।

"यह बहुत आसान है," माइकल एंजेलो ने कहा। "जब मैं काम शुरू करता हूँ, तब तक संगमरमर की चट्टान के भीतर मूर्ति पूरी बन चुकी होती है। वह वहाँ पहले से मौजूद होती है, मुझे तो सिर्फ़ छैनी से पत्थर के फ़ालतू टुकड़े हटाने होते हैं।"

गुरु कहते हैं :

एक ऐसी कलाकृति है, जिसे रचना हम सबकी नियति थी।

वह हमारी ज़िंदगी का केंद्रीय बिंदु है और, हम इस बात से कितना ही इंकार करने की कोशिश करें, हम जानते हैं कि हमारे सुख के संदर्भ में वह कितना महत्त्वपूर्ण है। सामान्यत:, यह कलाकृति वर्षों के भय, अपराधबोध और अनिर्णय से ढकी होती है।

लेकिन अगर हम फ़ालतू चीज़ों को खुरचकर अलग कर देने का फ़ैसला करें, अगर हम अपनी क़ाबिलियत पर संदेह न करें, तो हम उस मुहिम को पूरा कर सकते हैं, जो हमें सौंपी गई है। यह सम्मान के साथ जीवन जीने का एकमात्र तरीक़ा है।

एक बूढ़ा, जो मौत के क़रीब है, एक नौजवान को खोजता है और उसे बहादुरी का एक क़िस्सा सुनाता है कि किस तरह युद्ध के दौरान उसने एक आदमी के भागने में मदद की थी।

उसने उसे आश्रय दिया, भोजन और सुरक्षा मुहैया कराई। जब वे एक बार फिर सुरक्षित स्थल पर थे, तो जिस आदमी को उसने बचाया था, उसने उसे धोखा दिया और दुश्मन के हाथ में सौंप दिया।

''फिर आप कैसे भागे?'' नौजवान ने पूछा।

''मैं भागा नहीं। वह दूसरा आदमी मैं था, गद्दार,'' बूढ़ा कहता है। ''लेकिन यह क़िस्सा सुनाकर कि जैसे मैं ही वह बहादुर आदमी था, मैं उन चीज़ों को बेहतर ढंग से समझ सकता हूँ, जो उसने मेरे लिए की थीं।''

गुरु कहते हैं :

हम सबको प्रेम की ज़रूरत है। प्रेम मानव-स्वभाव का अंग है, उसी तरह जैसे खाना, पीना और सोना। हम अक्सर बैठकर ख़ूबसूरत सूर्यास्त देखते हैं, पूरी तरह अकेले, और सोचते हैं :

''इसमें से किसी भी चीज़ का कोई महत्त्व नहीं है, क्योंकि कोई नहीं है, जिसके साथ मैं सुंदरता के इस अनुभव को साझा कर सकूँ।''

ऐसे समय पर, यह सवाल पूछना महत्त्वपूर्ण है : अक्सर कितनी बार ऐसा हुआ है कि जब किसी दूसरे व्यक्ति ने मुझसे प्रेम की माँग की, मैंने नज़रें फेर लीं? अक्सर कितनी बार ऐसा हुआ है कि मैं किसी के पास जाकर सीधे-सीधे यह कहने से डरा हूँ कि मुझे उससे प्रेम है?

एकाकीपन से सावधान। इसकी लत सबसे ज़्यादा ख़तरनाक ड्रग की लत जैसी होती है। अगर तुम्हें सूर्यास्त का कोई अर्थ प्रतीत नहीं हुआ, तो विनम्र बनो और प्रेम की तलाश करो। याद रहे, जैसा कि दूसरे आध्यात्मिक अनुग्रहों के मामले में होता है, तुम जितना ही देने के लिए तैयार होगे, बदले में तुम्हें उतना ही ज़्यादा मिलेगा।

स्पेन का एक धर्म–प्रचारक पादरी एक द्वीप की यात्रा पर था, जब उसे तीन अज़्टेक पुरोहित मिले।

“आप लोग प्रार्थना किस तरह करते हैं?” पादरी ने पूछा।

“हम केवल एक ही प्रार्थना करते हैं,” एक अज़्टेक ने कहा। “हम कहते हैं : ‘परमेश्वर, तुम तीन हो और हम तीन हैं। हम पर दया करना।’”

“मैं आप लोगों को एक ऐसी प्रार्थना सिखाने वाला हूँ, जिसे परमेश्वर सुनेंगे,” धर्म–प्रचारक ने कहा।

उसने उन्हें एक कैथोलिक प्रार्थना सिखाई और आगे चला गया।

स्पेन वापस लौटने के कुछ ही समय पहले, उसे उसी द्वीप से होकर गुज़रना पड़ा, जहाँ वह कुछ वर्ष पहले आया था।

जब उसका जहाज़ तट पर पहुँच रहा था, धर्म–प्रचारक ने तीनों पुरोहितों को पानी पर चलते देखा।

“फ़ादर, फ़ादर,” उनमें से एक ने कहा। “प्लीज़, हमें वह प्रार्थना फिर–से सिखाइए, जिसे परमेश्वर सुनेंगे, क्योंकि हमें वह याद नहीं आ रही है।

पाओलो कोएलो

“कोई बात नहीं,” धर्म-प्रचारक ने इस चमत्कार को देखकर कहा।

और उसने इस बात के लिए परमेश्वर से क्षमा माँगी कि वह इस बात को समझने में नाकामयाब रहा था कि परमेश्वर सारी भाषाओं में बात करते हैं।

मक्तूब

संत जॉन ऑफ़ क्रॉस की शिक्षा है कि अपनी आध्यात्मिक यात्रा में हमें दिव्य दर्शन की उम्मीद नहीं करनी चाहिए, न ही उसी मार्ग पर यात्रा कर रहे दूसरे लोगों के शब्दों का अंधानुसरण करना चाहिए। सहारे का हमारा अपना स्रोत आस्था होना चाहिए, क्योंकि आस्था वह निर्मल और पारदर्शी चीज़ है, जो हमारे भीतर पैदा होती है और उसे किसी अन्य चीज़ से भ्रमित नहीं किया जा सकता।

एक लेखक एक पादरी से बात कर रहा था, और उसने उससे पूछा कि परमेश्वर को अनुभव करने का क्या अर्थ होता है।

''मैं नहीं जानता,'' पादरी ने कहा। ''अब तक तो मैंने केवल परमेश्वर में अपनी आस्था को अनुभव किया है।

और यही वह चीज़ है, जो मायने रखती है।''

गुरु कहते हैं :

क्षमा दुतरफ़ा मार्ग है।

जब भी कभी हम किसी को क्षमा करते हैं, तब हम ख़ुद को भी क्षमा कर रहे होते हैं। अगर हम दूसरों के प्रति सहिष्णु हैं, तो अपनी ग़लतियों को स्वीकार करना आसान होता है। इस तरह, बिना अपराध-बोध या कड़वाहट के, हम जीवन के प्रति अपने रवैये में सुधार ला सकते हैं।

कमज़ोरी के क्षण में, हम घृणा, ईर्ष्या और असहिष्णुता को अपने इर्द-गिर्द स्पंदित होने की गुंजाइश देते हैं, और ये स्पंदन अंततः हमें निगल लेते हैं।

पीटर ईसा से पूछते हैं :

''प्रभु, मैं अपने भाइयों और बहनों को मेरे ख़िलाफ़ पाप करने के लिए कितनी बार क्षमा करूँ? सात बार?''

ईसा ने जवाब दिया, ''मैं तुमसे कहता हूँ, सात बार नहीं, सत्तर बार।''

क्षमादान का कर्म आध्यात्मिक लोक को स्वच्छ करता है और हमें अलौकिकता का सच्चा प्रकाश दिखाता है।

गुरु कहते हैं :

पुराने ज़माने के गुरु अपने शिष्यों के व्यक्तित्व के स्याह पक्ष से निपटने में उनकी मदद करने के लिए 'चरित्रों' की रचना किया करते थे। इस तरह के चरित्रों की रचना के कई क़िस्से प्रसिद्ध परीकथाएँ बन गए हैं।

प्रक्रिया सीधी-साधी है : आपको अपनी सारी उद्विग्नताओं, भयों और हताशाओं को आपके बाईं ओर खड़ी अदृश्य सत्ता में स्थापित कर देना है। वह हमेशा आपके जीवन में एक 'खलनायक' की भूमिका निभाती है, और हमेशा आपको ऐसे विचार सुझाती है, जिनसे आप दूर रहना चाहते हैं,लेकिन अंततः वे आपके मन में आ ही जाते हैं। जैसे ही आप ऐसा चरित्र गढ़ लेते हैं, वैसे ही उसकी सलाहों की उपेक्षा करना आसान हो जाता है।

यह एकदम सरल है, इसलिए बहुत अच्छी तरह कारगर होता है।

''मैं कैसे जान सकता हूँ कि मैं अपना जीवन सर्वश्रेष्ठ ढंग से कैसे जी सकता हूँ?'' शिष्य ने पूछा।

गुरु ने उससे एक मेज़ बनाने को कहा। जब मेज़ लगभग तैयार हो गई और उसमें कुछ ही कीलें और ठोकी जानी बाक़ी थीं, तब गुरु उसके पास गए।

शिष्य हर कील को हथौड़े की तीन चोटें मारकर ठोक रहा था।

लेकिन एक कील बहुत मुश्किल साबित हुई, और शिष्य को एक अतिरिक्त चोट मारनी पड़ी। चौथी चोट ने कील को इतने गहरे धँसा दिया कि लकड़ी फट गई।

''तुम्हारा हाथ सिर्फ़ तीन चोटों का अभ्यस्त था,'' गुरु ने कहा। जब भी कोई कृत्य आदत से संचालित होने लगता है, वह अपना अर्थ खो देता है और नुक़सान तक पहुँचा सकता है।

''कृत्य महज़ एक कृत्य है, और केवल एक ही रहस्य है : आदत को कभी छूट मत दो कि वह आपकी गतिविधियों को नियंत्रित करने लगे।''

स्पेन में सोरिया नामक नगर के क़रीब एक गुफ़ा में एक प्राचीन आश्रम है, जिसमें एक आदमी पिछले कुछ वर्षों से रह रहा है। उस आदमी ने ध्यान के प्रति अपने समर्पण के चलते सब कुछ त्याग दिया है। पतझड़ की एक दोपहर में मुसाफ़िर उससे मिलने जाता है और उसका अत्यंत आतिथ्यपूर्ण ढंग से स्वागत किया जाता है।

अपनी ब्रेड उसके साथ साझा करने के बाद, संन्यासी उसे पास के झरने से कुछ मशरूम चुनकर लाने के लिए उसके साथ चलने को कहता है।

रास्ते में एक नौजवान उनके पास आता है।

''पूज्य फ़ादर,'' वह कहता है, ''मैंने सुना है कि अगर हमें ज्ञान प्राप्त करना है, तो हमें मांस नहीं खाना चाहिए। क्या यह सच है?''

''जीवन तुम्हारे लिए जो भी कुछ प्रस्तुत करता है, उसे आनंदपूर्वक स्वीकार करो,'' आदमी कहता है। ''उस तरह तुम न तो अपनी आत्मा के ख़िलाफ़ कोई पाप कर रहे होगे और न ही पृथ्वी की उदारता के ख़िलाफ़ कोई धर्मद्रोह कर रहे होगे।''

गुरु कहते हैं :

अगर यात्रा बहुत कठिन साबित होती है, तो अपने दिल की बात सुनो। अपने प्रति भरसक ईमानदार होने की कोशिश करो, और देखो कि क्या तुम अपने मार्ग पर चल रहे हो, और अपने सपनों की क़ीमत अदा कर रहे हो।

अगर तुम यह करते हो, लेकिन तब भी तुम्हारा जीवन मुश्किल बना रहता है, तो वह क्षण आता है, जब तुम्हें शिकायत करना अनिवार्य हो जाता है। यह शिकायत उतने ही सम्मानजनक ढंग से करो, जैसे एक बच्चा अपने पिता से करता है, लेकिन तब भी थोड़ी अधिक देखरेख और सहायता की माँग करो। परमेश्वर माँ और पिता, दोनों है, और माता-पिता अपने बच्चे के लिए हमेशा सर्वश्रेष्ठ चाहते हैं। हो सकता है, वे तुमसे पढ़ाई में कठोर मेहनत करवा रहे हों, अगर ऐसा है, तो थोड़ी देर के अंतराल और स्नेह की माँग करने में कोई बुराई नहीं है।

लेकिन बहुत आगे मत बढ़ो। जॉब ने सही वक़्त आने पर शिकायत की थी, और उनकी सारी चीज़ें उन्हें वापस कर दी गई थीं। अल आफ़िद हर चीज़ को लेकर शिकायत किया करता था, और परमेश्वर ने उसकी बातें सुनना बंद कर दिया था।

स्पेन के वेलेंसिया नामक शहर में मनाए जाने वाले उत्सवों में एक विचित्र क़िस्म का अनुष्ठान होता है, जिसका उद्गम बढ़इयों की प्राचीन कंपनी में है।

हस्तशिल्पी और कलाकार लकड़ी की विशाल मूर्तियाँ बनाने के लिए पूरे सालभर काम करते हैं। उत्सव के सप्ताह में वे इन मूर्तियों को मुख्य चौराहे पर ले जाते हैं। वहाँ से गुज़रते लोग ठहरकर टिप्पणियाँ करते हैं, और ऐसी सृजनात्मकता को देखकर चकित और द्रवित होते हैं, फिर संत जोसेफ़ दिवस पर, ये कलाकृतियाँ हज़ारों दर्शकों की आँखों के सामने एक विराट अलाव में जला दी जाती हैं।

''इतनी कठोर मेहनत का नतीजा शून्य क्यों?''एक अँग्रेज़ ने आकाश में उठती लपटों की ओर देखते हुए पूछा।

''तुम सब लोग भी एक दिन मर जाओगे,'' एक स्पेनी औरत ने कहा। ''कल्पना करो कि अगर उस क्षण कोई देवदूत परमेश्वर से पूछे : 'इतनी कठोर मेहनत का नतीजा शून्य क्यों?'''

पाओलो कोएलो

एक अत्यंत धर्मपरायण और साधु स्वभाव के आदमी ने अचानक पाया कि वह सारी संपत्ति से वंचित हो गया है। यह जानते हुए कि परमेश्वर उसकी मदद करेगा, वह प्रार्थना करने लगा।

''हे परमेश्वर, मुझे लॉटरी जिता दे।''

वह वर्षों तक यही प्रार्थना दोहराता रहा, लेकिन निरंतर निर्धनता का जीवन जीने को बाध्य बना रहा।

अंत में उसकी मौत का दिन आ गया और, चूँकि वह अत्यंत धर्मपरायण व्यक्ति था, वह सीधा स्वर्ग गया।

जब वह वहाँ पहुँचा, तो उसने अंदर जाने से इंकार कर दिया। उसने कहा : मैंने अपना सारा जीवन उन धार्मिक नियमों के मुताबिक़ जिया, जो मुझे सिखाए गए थे, तब भी परमेश्वर ने कभी मुझे लॉटरी नहीं जिताई।

''प्रभु के सारे वादे झूठ के अलावा कुछ नहीं हैं,'' उस आदमी ने गुस्से से भरकर कहा।

''मैं तो लॉटरी जीतने में तुम्हारी मदद के लिए हमेशा तैयार रहा,'' प्रभु ने कहा, ''लेकिन मैं तुम्हारी मदद के लिए कितना भी इच्छुक क्यों न रहा होऊँ, तुमने कभी लॉटरी का टिकट ख़रीदा ही नहीं।''

एक चीनी वृद्ध बर्फ़ीले खेत के रास्ते चला जा रहा था कि सहसा उसे रास्ते में एक रोती हुई औरत मिली।

''तुम क्यों रो रही हो?'' उसने पूछा।

''क्योंकि मुझे लगातार अपने अतीत, अपनी जवानी, आईने में प्रतिबिंबित होते अपने ख़ूबसूरत चेहरे और उस आदमी की याद आती रहती है, जो मुझे प्रेम करता था। परमेश्वर क्रूर था कि उसने मुझे स्मृति दी। वह जानता था कि मैं अपनी ज़िंदगी के बहार के दिनों को याद करूँगी और रोऊँगी।''

वृद्ध उस बर्फ़ीले खेत में खड़ा सोचता रहा। उसकी नज़रें किसी एक ख़ास बिंदु पर टिकी हुई थीं। अंत में उस औरत ने रोना बंद किया और पूछा :

''आप क्या देख रहे हैं?''

''गुलाबों का खेत,'' वृद्ध ने कहा। ''परमेश्वर ने उदारतापूर्वक मुझे भी स्मृति प्रदान की थी। वह जानता था कि मैं जाड़ों में हमेशा बहार को याद करूँगा और मुस्कराऊँगा।''

पाओलो कोएलो

गुरु कहते हैं :

अपनी निजी किंवदंती का अनुसरण करना उतना आसान नहीं होता, जितना वह लगता है। इसके विपरीत, ऐसा करना ख़तरनाक हो सकता है।

जब हम कुछ चाहते हैं, हम किन्हीं ख़ास शक्तिशाली ऊर्जाओं को गतिशील कर देते हैं, और ख़ुद से जीवन के वास्तविक अर्थ को छिपा नहीं पाते।

जब हम कुछ चाहते हैं, हम उस क़ीमत को चुनते हैं, जो हमें चुकानी होगी। किसी स्वप्न के अनुसरण की अपनी क़ीमत होती है। वह हमसे अपनी पुरानी आदतों को छोड़ने की माँग कर सकता है, वह अपने साथ मुश्किलें, हताशाएँ आदि ला सकता है।

हालाँकि, क़ीमत कितनी अधिक क्यों न हो, वह उतनी ज़्यादा कभी नहीं होती, जो उस आदमी को चुकानी पड़ती है, जिसने अपनी निजी किंवदंती का अनुसरण नहीं किया होता है, क्योंकि जब वे एक दिन मुड़कर पीछे देखेंगे, वे अपने हर किए हुए कृत्य को देखेंगे और ख़ुद को मन-ही-मन यह कहते हुए सुनेंगे : ''मैंने अपना जीवन बर्बाद कर दिया।''

मेरा विश्वास करो, ये वे सबसे क्रूरतम शब्द हैं, जो तुम सुन सकते हो।

कार्लोस केस्टानेडा अपनी क़िताब में वर्णन करते हैं कि किस तरह एक दिन उनके अध्यापक ने उनसे अपनी पेंट पर अलग ढंग से बेल्ट बाँधने को कहा था। केस्टानेडा ने वैसा ही किया, क्योंकि उन्हें यक़ीन था कि उन्हें सीखने का एक शक्तिशाली साधन दिया जा रहा है।

महीनों बाद, उन्होंने अपने शिक्षक से कहा कि उनकी जादुई सलाह पर अमल करने के कारण वे पहले की तुलना में ज़्यादा तेज़ी के साथ सीख रहे हैं।

''दूसरे ढंग से बेल्ट बाँधते हुए, मैंने नकारात्मक ऊर्जा को सकारात्मक ऊर्जा में बदल लिया है,'' उन्होंने कहा।

अध्यापक ज़ोर-से हँस पड़ा।

''बेल्ट ऊर्जा को रूपांतरित नहीं कर सकता! जिस वजह से मैंने तुमसे वैसा करने को कहा था, वह यह थी कि तुम जब भी अपनी पेंट पहनो, तुम्हें यह याद रहे कि तुम एक जादूगर के शिष्य हो। यह वही सजगता थी, न कि तुम्हारा बेल्ट, जिसने विकसित होने में तुम्हारी मदद की।''

एक गुरु के सौ शिष्य थे। वे सब सही वक़्त पर प्रार्थना करते थे, सिवाय एक के, जो हमेशा बहुत नशे में होता था।

अपनी मृत्यु के दिन गुरु ने उस शराबी को तलब किया और उसे सारे गुप्त रहस्य बता दिए।

दूसरे शिष्य गुस्से से खौल उठे।

''यह शर्मनाक है!'' वे चीख़े''हमने एक ऐसे गुरु की ख़ातिर त्याग किया, जो हमारे सद्गुणों को परखने में सक्षम नहीं था।''

गुरु ने कहा :

''मुझे वे रहस्य एक ऐसे आदमी को सौंपने थे, जिसे मैं भली-भाँति जानता था। वे जो सदाचारी दिखाई देते हैं, अक्सर अभिमान, दंभ, और असहिष्णुता छिपाए रहते हैं। इसीलिए मैंने एक ऐसे शिष्य का चयन किया, जिसकी बुराई - पियक्कड़पन - स्पष्ट दिखाई देती थी।''

सिस्तेरियन संन्यासी मार्कोज़ गार्सिया के शब्द :

''परमेश्वर कभी-कभी किसी ख़ास अनुग्रह को वापस ले लेता है, ताकि व्यक्ति उसे महज़ कृपाओं और प्रार्थनाओं को स्वीकार करने वाला मानने से ज़्यादा किसी रूप में देख सके। वह जानता है कि किसी आत्मा की परीक्षा करने के मामले में वह कितनी हद तक जा सकता है, और वह उस हद से आगे कभी नहीं जाता।

''ऐसे क्षणों में, हमें यह कभी नहीं कहना चाहिए : 'परमेश्वर ने मुझे त्याग दिया है।' वह ऐसा कभी नहीं करते : ये तो हम हैं, जो, कभी-कभी, उनको त्याग देते हैं। अगर प्रभु हमारी बड़ी परीक्षा लेते हैं, तो वह हमें वे पर्याप्त - बल्कि मैं तो कहूँगा पर्याप्त से ज़्यादा - गुण भी देते हैं, जिनके सहारे हम उस परीक्षा को झेल सकें।

''जब भी कभी हम उनके चेहरे से दूर महसूस करते हैं, हमें ख़ुद से पूछना चाहिए : क्या हम उस सब का अधिकतम दोहन कर पा रहे हैं, जो उन्होंने हमारे मार्ग में रखा है?''

हम कभी-कभी अपने साथी मनुष्यों से एक भी दयालुतापूर्ण भंगिमा हासिल किए बिना कई-कई दिन या पूरे-के-पूरे सप्ताह बिता देते हैं। ये मुश्किल वक़्त होते हैं, जब मानवीय ऊष्मा ग़ायब हो जाती है, और जीवन महज़ बचे रहने का सवाल बनकर रह जाता है।

गुरु कहते हैं :

हमें अपनी आग की ओर देखना चाहिए। हमें अलाव में और अधिक लकड़ी डालकर अपने जीवन के अँधेरे कमरे को रोशन करना चाहिए। जब हम अपनी आग को चटखते हुए, लकड़ी को फटते हुए और लपटों द्वारा कहे जाने वाले अनेक क़िस्सों को सुनेंगे, तो हमारी उम्मीद लौट आएगी।

अगर हम प्रेम करने में सक्षम हैं, तो हम प्रेम-पात्र बनने में भी सक्षम होंगे। यह महज़ समय का मसला है।

रात्रि-भोज के दौरान, किसी ने एक गिलास तोड़ दिया।

‘‘यह सौभाग्य की निशानी है,’’ मेहमान ने कहा।

वहाँ मौजूद हर व्यक्ति इस परंपरा को जानता था।

‘‘यह सौभाग्य की निशानी क्यों है?’’ एक रब्बी ने पूछा, जो उस समूह में शामिल था।

‘‘मैं नहीं जानती,’’ मुसाफ़िर की बीवी ने कहा। ‘‘यह शायद कहने का एक पुराना ढंग है, ताकि मेहमान सहज महसूस करे।’’

‘‘नहीं, यह सही स्पष्टीकरण नहीं है,’’ रब्बी ने कहा। ‘‘कुछ ख़ास यहूदी परंपराओं के मुताबिक़, हम सभी को भाग्य का एक निश्चित हिस्सा मिला हुआ है, जिसका इस्तेमाल हम पूरे जीवनभर करते हैं। अगर हम उस भाग्य का इस्तेमाल मात्र ऐसी चीज़ों पर करते हैं, जिन्हें वास्तव में हम चाहते हैं, तब हम ब्याज कमा सकते हैं, या फिर हम उसे व्यर्थ की चीज़ों पर बर्बाद कर सकते हैं।

‘‘हम यहूदी भी उस समय ‘गुड लॅक’ कहते हैं, जब कोई व्यक्ति गिलास तोड़ देता है, लेकिन इसका मतलब होता है कि आप गिलास का टूटना टालने की कोशिश में अपने भाग्य को बर्बाद नहीं कर देते, और इस तरह आपके पास अधिक महत्त्वपूर्ण चीज़ों पर इस्तेमाल करने के लिए भाग्य बचा रहता है।’’

पाओलो कोएलो

मठाधीश अब्राहम को मालूम था कि स्केटिस मठ के क़रीब एक संन्यासी रहता था, जिसकी ख्याति एक संत के रूप में थी।

वे उससे मिलने गए और पूछा :

"अगर आज आपको अपने बिस्तर पर एक ख़ूबसूरत औरत मिले, तो क्या आप यह सोच सकेंगे कि वह स्त्री नहीं है?"

"नहीं," संन्यासी ने कहा, "लेकिन मैं ख़ुद को नियंत्रित ज़रूर रख पाऊँगा।"

मठाधीश ने कहा :

"और अगर आपको रेगिस्तान में सोने के सिक्के पड़े मिल जाएँ, तो क्या आप उन्हें महज़ पत्थरों के रूप में देख पाएँगे?"

"नहीं," संन्यासी ने कहा, "लेकिन मैं ख़ुद को उन्हें उठाने से रोक लूँगा।"

तब मठाधीश अब्राहम ने पूछा :

"और अगर दो भाई आपसे मिलने आएँ, जिनमें से एक आपसे घृणा करता हो और दूसरा आपसे प्रेम करता हो, तो क्या आप दोनों से समान व्यवहार कर पाएँगे?"

संन्यासी ने जवाब दिया:

''यह कितना ही दर्दनाक क्यों न हो, लेकिन घृणा करने वाले से मैं वैसे ही व्यवहार करूँगा, जैसे प्रेम करने वाले से।''

जब मठाधीश वापस मठ में लौटे, तो उन्होंने अपने नवदीक्षित शिष्यों से कहा :

''मैं तुम लोगों को बताने वाला हूँ कि संत होने का क्या मतलब होता है। संत वह होता है, जो अपनी वासनाओं को मार देने की बजाय, उन्हें नियंत्रित कर लेता है।''

डब्ल्यू. फ्रेज़ियर ने अपना पूरा जीवन अमेरिकन वेस्ट की विजय के बारे में लिखते हुए बिता दिया था। गैरी कूपर द्वारा अभिनीत फ़िल्म की पटकथा को अपने जीवन परिचय में शामिल करने से गौरवान्वित, उनका कहना था कि उन्हें बहुत ही कम ऊब महसूस हुई है।

"मैंने अमेरिकी अग्रगामियों से बहुत कुछ सीखा था। वे इंडियनों से लड़े, उन्होंने रेगिस्तान पार किए, और भोजन तथा पानी की खोज में दूरस्थ इलाक़ों में गए। समकालीन दस्तावेज़ कुल मिलाकर एक विचित्र क़िस्म के लक्षण को दर्शाते हैं : इन अग्रगामियों ने केवल अच्छी चीज़ों के बारे में लिखा और बात की। उन्होंने जिन मुश्किलों का सामना किया, उनके बारे में शिकायतें करने की बजाय उनके बारे में गीत और चुटकुले तैयार किए। इन्हीं तरीक़ों से उन्होंने हताशा और अवसाद को पास नहीं फटकने दिया। और आज, 88 की उम्र में, मैं भी वही करने की कोशिश करता हूँ।"

यह मज़मून जॉन मुइर के शब्दों से रचा गया है :

मैं अपनी आत्मा को उन्मुक्त छोड़ देना चाहता हूँ, ताकि इसे वे सारे गुण मिल सकें, जो सामान्यत: आत्माओं को प्रदान किए जाते हैं।

अगर इस तरह की चीज़ मुमकिन होती, तो मैं चंद्रमा के गड्ढों पर जाने या सूरज की किरणों का पीछा करते हुए उनके स्रोत सूरज तक जाने की कोशिश न करता। मैं अपने अच्छे तारे की सुंदरता या मनुष्यों के कृत्रिम अकेलेपन को समझने की कोशिश नहीं करूँगा।

जब मैं अपनी आत्मा को उन्मुक्त करना सीख जाऊँगा, तो मैं भोर की रोशनी का अनुसरण करूँगा और समय के साथ उसकी वापसी का अनुसरण करने की कोशिश करूँगा।

जब मैं अपनी आत्मा को उन्मुक्त करना सीख जाऊँगा, तो मैं उन चुंबकीय प्रवाहों में गोता लगाऊँगा, जो बहकर उस महासागर में जाते हैं, जहाँ सभी पानी मिलकर विश्व-आत्मा की रचना करते हैं।

जब मैं अपनी आत्मा को उन्मुक्त करना सीख जाऊँगा, तो मैं सृष्टि के समूचे शानदार पृष्ठों को उनकी एकदम शुरुआत से पढ़ने की कोशिश करूँगा।

पाओलो कोएलो

पेलिकन की तसवीर ईसाइयत का एक पवित्र प्रतीक है। बात एकदम सरल है : ऐसा कहा जाता है, जब कोई दूसरा भोजन नहीं था, तब माँ पेलिकन ने अपनी छाती में चोंच मारे और अपने बच्चों को अपना माँस और ख़ून खिला-पिलाकर उनका पोषण किया।

गुरु कहते हैं :

हमें जो आशीर्वाद प्राप्त होते हैं, हम अक्सर समझने में अक्षम होते हैं। हम अक्सर वह सब नहीं समझ पाते, जो परमेश्वर हमें आध्यात्मिक रूप से सुपोषित बनाए रखने के लिए करते हैं।

एक पेलिकन का क़िस्सा है, जो अत्यंत कड़ाके की ठंड के दौरान किसी तरह अपने आत्मोत्सर्ग यानी अपने बच्चों को अपना ही माँस खिलाने के कर्म के बावजूद जीवित बनी रही थी, हालाँकि कुछ ही दिनों तक। जब वह पोषण के अभाव की वजह से ख़ुद ही मर गई, तो उसके एक बच्चे ने दूसरे बच्चे से कहा :

''अच्छा ही हुआ। मैं रोज़-रोज़ एक ही चीज़ खाते-खाते तंग आ गया था।''

अगर आप किसी स्थिति को लेकर असंतुष्ट महसूस करते हैं। यहाँ तक कि उस स्थिति में भी, जो इतनी अच्छी हो कि आप उसमें कामयाब होना चाहें, लेकिन अब तक नाकामयाब होते रहे हों, तो तुरंत रुक जाइए।

अगर स्थितियाँ ठीक से काम नहीं कर रही हैं, तो इसके दो ही संभावित कारण हो सकते हैं : या तो आपके धीरज की परीक्षा ली जा रही है या फिर आपको दिशा बदलने की ज़रूरत है।

यह देखते हुए कि ये दोनों परस्पर विरोधी हैं, यह पता लगाने के लिए कि इनमें से कौन-सा विकल्प सही है, मौन और प्रार्थना की शरण लीजिए। धीरे-धीरे, रहस्यमय ढंग से, स्थितियाँ स्पष्ट हो जाएँगी, और अंतत: आपके पास विकल्प चुनने की पर्याप्त सामर्थ्य होगी।

जैसे ही आप एक बार निश्चय कर लेते हैं, दूसरी संभावना के बारे में सब कुछ भूल जाइए, और आगे बढ़ते रहिए, क्योंकि परमेश्वर बहादुर का परमेश्वर है।

ब्राज़ीलियाई लेखक फर्नांदो सेबिनो के पिता डॉमिंगोज़ सेबिनो अपने बेटे से अक्सर कहा करते थे :

''सब कुछ अंत में ठीक हो जाता है। अगर स्थितियाँ ठीक नहीं हैं, तो ऐसा इसलिए है, क्योंकि अभी तुम अंत तक नहीं पहुँचे हो।''

जब संगीतकार नेल्सन मोट्टा बेहिया, ब्राज़ील में थे, तो उन्होंने आध्यात्मिक नेता मे मेनिनिन्हा डो गैंटोइस से मिलने का निश्चय किया। उन्होंने टैक्सी पकड़ी, मगर वहाँ रास्ते में कार के ब्रेक फ़ेल हो गए, और कार फ़ास्ट लेन के बीच में बेक़ाबू होकर भागने लगी। बावजूद इसके कि झटका बहुत तेज़ था, ड्राइवर और सवार दोनों ठीक थे।

जब नेल्सन मे मेनिनिन्हा से मिले, तो उन्होंने तुरंत ही उन्हें उस दुर्घटना के बारे में बताया। वे बोलीं :

''कुछ चीज़ें हैं, जो भाग्य में लिखी हुई होती हैं, लेकिन परमेश्वर हमें किसी तरह उनके बीच से सुरक्षित निकाल ले जाता है। आपके जीवन में इस समय कार दुर्घटना आपकी नियति में थी, लेकिन आपने देखा कि सब कुछ हुआ और कुछ भी नहीं हुआ।''

''केमिनो दे सांतियागो के बारे में आपके व्याख्यान में किसी चीज़ की कमी थी,'' उनके व्याख्यान के अंत में एक तीर्थयात्री उनसे कहता है। ''मैंने देखा है कि ज़्यादातर तीर्थयात्री, चाहे वे केमिनो पर हों या जीवन के मार्ग पर, हमेशा अन्यों के साथ निरंतर संपर्क में बने रहते हैं।''

अपनी तीर्थयात्रा की शुरुआत में मैंने अपने समूह के साथ बने रहने की कोशिश की थी, लेकिन वह मुझे काफ़ी थका देने वाली कोशिश लगी। मैं अपनी देह से कुछ ज़्यादा की ही माँग कर रहा था। मैं काफ़ी तनाव में आ गया और अंत में मेरे बाएँ पैर की नसों में समस्याएँ पैदा हो गईं।

हालात यहाँ तक पहुँच गए कि मैं दो दिन तक चल ही नहीं पाया, और तब मुझे समझ में आया कि अगर मैं अपनी लय को बनाए रख पाया तो मैं केवल सांतियागो कम्पोस्टेला तक ही पहुँच पाऊँगा।

''मैंने दूसरे लोगों के मुक़ाबले ज़्यादा समय लिया और मुझे रास्ते के कई हिस्सों पर अकेले ही चलना पड़ा, लेकिन मैंने अपनी लय का सम्मान करते हुए किसी तरह अपनी यात्रा पूरी कर ही ली। उसके बाद से मैंने इस सिद्धांत को ज़िंदगी के लिए ज़रूरी हर काम पर लागू किया।''

पाओलो कोएलो

लीडिया के राजा क्रोएसस ने फ़ारसियों पर हमला करने का निश्चय कर रखा था, लेकिन, तब भी उसने पहले ग्रीक भविष्यवक्ता डेल्फ़ी से परामर्श करने का निश्चय किया।

''आप एक महान साम्राज्य को नष्ट करने के लिए नियतिबद्ध हैं,'' भविष्यवक्ता ने कहा।

इस निर्णय से ख़ुश होकर क्रोएसस ने युद्ध का ऐलान कर दिया। दो दिन की लड़ाई के बाद लीडिया पर फ़ारसियों ने क़ब्ज़ा कर लिया, जिन्होंने राजधानी को घेर लिया और स्वयं क्रोएसस को बंदी बना लिया। क्रोएसस ने गुस्से से बौखलाकर ग्रीस के अपने राजदूत को आदेश दिया कि वह उस भविष्यवक्ता के पास जाकर कहे कि उसने राजा के साथ धोखा किया है।

''नहीं, आपके साथ धोखा नहीं किया गया है,'' भविष्यवक्ता ने जवाब दिया। ''आपने एक महान साम्राज्य लीडिया को नष्ट कर दिया है।''

गुरु कहते हैं :

संकेतों की भाषा इसलिए है कि हम उसे देखें। वह हमें आगे बढ़ने के सबसे अच्छे रास्ते के बारे में सीख देने के लिए है।

लेकिन, हम अक्सर उन संकेतों के अर्थ को विकृत कर देते हैं, ताकि वे उस चीज़ से मेल खा सकें, जो हम करना चाहते हैं।

लेखक फ़ेलिचे लियोनार्दा बुस्काग्लिया हमें मैगी के उस चौथे सदस्य का क़िस्सा सुनाते हैं, जिसने ख़ुद भी बेथेलहेम पर तारे को चमकते हुए देखा था, लेकिन वह हमेशा उस जगह विलंब से पहुँचता था, जहाँ ईसा हो सकते थे, क्योंकि उसे हमेशा उन ग़रीब दयनीय लोगों की मदद के लिए रुकना पड़ता था, जो उससे मदद की भीख माँगते थे।

मिस्र, गैलीली, और बेथनी में तीस बरस तक ईसा का पीछा करने के बाद मैगस जेरुस्लम पहुँचा। बहुत देर हो चुकी थी, क्योंकि वह बच्चा बड़ा होकर मर्द बन गया था और उसे उसी दिन सलीब पर चढ़ाया जाने वाला था। मैगस ईसा को देने के लिए अपने साथ कुछ मोती लाया था, लेकिन उसे अपनी यात्रा के दौरान लोगों की मदद करने के लिए वे मोती बेच देने पड़े थे। केवल एक मोती बचा था और हमारे रक्षक की मृत्यु हो चुकी थी।

''मैं अपनी ज़िंदगी की मुहिम में नाकामयाब रहा,'' मैगस ने सोचा।

तभी उसे एक आवाज़ सुनाई दी :

''स्थिति इसके विपरीत है, क्योंकि तुम जीवनभर मुझसे मिलते रहे हो। मैं नंगा था और तुमने मुझे वस्त्र दिए। मैं भूखा था और तुमने मुझे भोजन दिया। मैं जेल में था और तुम मेरे पास आए। मैं उन तमाम ग़रीबों में था, जिनसे तुम अपने रास्तों में मिलते रहे। प्रीति के इतने सारे उपहारों के लिए तुम्हारा बहुत-बहुत शुक्रिया।''

साइंस फ़िक्शन की एक कहानी एक ऐसे समाज का वर्णन करती है, जिसमें लगभग हर कोई किसी न किसी काम को करने के लिए तैयार होकर पैदा हुआ है, वह काम चाहे किसी तकनीशियन का हो, किसी इंजीनियर का हो या किसी मैकेनिक का। थोड़े से कुछ लोग बिना किसी विशेष दक्षता के पैदा हुए हैं, और उन्हें पागलख़ाने भेज दिया जाता है, क्योंकि पागल लोग समाज में योगदान करने में अक्षम होते हैं।

पागलख़ाने का एक क़ैदी विद्रोह कर देता है। पागलख़ाने में एक पुस्तकालय है, और वह क़ैदी विज्ञान और कला के बारे में हर मुमकिन चीज़ सीखने की कोशिश करता है।

जब उसे लगता है कि उसने पर्याप्त सीख लिया है, तो वह वहाँ से भाग जाने का निश्चय करता है, लेकिन पकड़ लिया जाता है और शहर के बाहर स्टडी सेंटर में ले जाया जाता है।

"वेलकम," वहाँ का एक कर्मचारी कहता है। "जो लोग अपना ख़ुद का रास्ता पाने को मजबूर होते हैं, ठीक उन्हीं की हम सबसे ज़्यादा इज़्ज़त करते हैं। अब के बाद से तुम जो भी करना चाहते हो, कर सकते हो, क्योंकि तुम जैसे लोगों की बदौलत ही यह दुनिया प्रगति कर सकती है।"

पाओलो कोएलो

व्यापारी एक लंबी यात्रा पर निकलने से पहले अपनी बीवी को गुडबाय कहने गया।

''तुमने मुझे कभी उस तरह का उपहार नहीं दिया, जिसके लायक़ मैं हूँ,'' वह कहती है।

''अरे कृतघ्न औरत, मैंने जो भी चीज़ें तुझे दी हैं, उनमें से हर एक के लिए मैंने वर्षों कड़ी मेहनत की है,'' पति ने कहा। ''और अब मैं तुझे क्या दे सकता हूँ?''

''कोई ऐसी चीज़, जो मेरी ही तरह ख़ूबसूरत हो।''

बीवी ने पूरे दो साल तक अपने उपहार का इंतज़ार किया, और जब आख़िरकार उसका पति लौटा, तो उसने कहा :

''मैं अंततः तुम्हारे जितनी ख़ूबसूरत एक चीज़ हासिल करने में कामयाब रहा हूँ। मैं तुम्हारी कृतघ्नता पर रोया, लेकिन मैंने तुम्हारी इच्छा पूरी करने का निश्चय कर रखा था। मैं पूरे समय यही सोचता रहा कि मैं तुम्हें ऐसी क्या चीज़ दे सकता हूँ, जो तुम्हारे जितनी ही ख़ूबसूरत हो, और अंत में मैंने उसे पा ही लिया।''

और उसने उसे एक छोटा-सा आईना पकड़ा दिया।

जर्मन दार्शनिक फ़्रेडरिक नीत्शे ने एक बार कहा था : ''हर चीज़ को लेकर बहस करने का कोई मतलब नहीं है; कभी-कभार ग़लतियाँ करना मानव-परिस्थिति का अंग है।''

गुरु कहते हैं :

ऐसे लोग होते हैं, जिन पर हर छोटी से छोटी चीज़ को लेकर सही होने की सनक सवार रहती है। हम अक्सर ख़ुद को ग़लतियाँ करने की इजाज़त नहीं देते। इस प्रवृत्ति से हम आगे बढ़ते रहने में डर ही हासिल कर पाते हैं।

ग़लतियाँ करने का भय उस दरवाज़े की तरह है, जो हमें औसत दर्जे के क़िले के अंदर बंद करके रखता है। अगर हम किसी तरह उस भय पर विजय पा लें, तो हम अपनी आज़ादी की दिशा में एक बड़ा क़दम उठा रहे होंगे।

एक नवदीक्षित संन्यासी ने स्केटिक मठ के मठाधीश निस्टेरोस से पूछा :

''मुझे परमेश्वर को प्रसन्न करने के लिए क्या करना चाहिए?''

''अब्राहम ने अजनबियों का स्वागत किया था, और परमेश्वर प्रसन्न हुए थे। इलियाह अजनबियों को नापसंद करते थे, और परमेश्वर प्रसन्न थे। डेविड अपने किए हुए को लेकर गर्व से भरे हुए थे, और परमेश्वर प्रसन्न थे। मंदिर का टैक्स कलेक्टर अपने किए हुए को लेकर शर्मिंदगी महसूस करता था, और परमेश्वर प्रसन्न थे। जॉन द बेप्टिस्ट जंगल चले गए थे, और परमेश्वर प्रसन्न थे। जोनाह नीनेवेह के बड़े शहर में चले गए थे, और परमेश्वर प्रसन्न थे।

''अपनी आत्मा से पूछो कि वह क्या करना चाहती है। जब आत्मा अपने सपनों की मैत्री में होती है, तो यह चीज़ परमेश्वर को आनंद से भर देती है।''

एक बौद्ध गुरु अपने शिष्यों के साथ पैदल यात्रा कर रहे थे। उन्होंने देखा कि वे इस बात पर आपस में बहस कर रहे थे कि उनमें सर्वश्रेष्ठ कौन है।

''मैं पिछले पंद्रह सालों से ध्यान का अभ्यास कर रहा हूँ,'' एक ने कहा।

''मैं तब से परोपकार कर रहा हूँ, जब से मैंने अपने माँ-बाप का घर छोड़ा है,'' दूसरे ने कहा।

''मैंने हमेशा बुद्ध की शिक्षाओं का अनुसरण किया है,'' तीसरे ने कहा।

दोपहर में वे आराम करने सेब के एक वृक्ष के नीचे रुक गए। वृक्ष की शाखाएँ फल से लदी हुई थीं और अपने वज़न से ज़मीन पर झुक रही थीं।

तब गुरु ने कहा :

''जब कोई वृक्ष फलों से लदा होता है, तो उसकी शाखाएँ झुककर ज़मीन को छूने लगती हैं। इसी तरह, सच्चा प्रज्ञावान मनुष्य वह है, जो विनम्र होता है। जब किसी वृक्ष में कोई फल नहीं होते, तो उसकी शाखाएँ अकड़ी और दंभी होती हैं। इसी तरह, मूर्ख व्यक्ति हमेशा सोचता है कि वह अपने साथियों से बेहतर है।''

पाओलो कोएलो

लास्ट सपर (अंतिम रात्रि-भोज) में, ईसा ने अपने दो शिष्यों पर समान रूप से गंभीर आरोप लगाए थे, और उन दोनों ने ही वे अपराध किए, जिनका ईसा ने पूर्वानुमान कर लिया था।

जूडास इस्केरियट को अपनी भूल का अहसास हो गया था और उन्होंने ख़ुद को ख़त्म कर डाला था। पीटर को भी उसके बाद अपनी भूल का अहसास हो गया था, जब उन्होंने उस हर बात से तीन बार इंकार कर दिया था, जिनमें वह विश्वास करते थे।

लेकिन, निर्णायक घड़ी में, पीटर को ईसा के संदेश का सही अर्थ समझ में आ गया था। उन्होंने क्षमा माँगी और, नाचीज़ और अपमानित महसूस करने के बावजूद, अपना काम करते रहे। वे आत्महत्या का विकल्प चुन सकते थे, लेकिन इसकी बजाय, उन्होंने दूसरे शिष्यों से बात की और निश्चय ही उनसे कुछ इस तरह की बात कही होगी :

''ठीक है, लोग भले ही मानव-जाति के अस्तित्व में बने रहने तक मेरी ग़लती के बारे में बात करते रहें, लेकिन मुझे अपनी भूल को सुधारने की इजाज़त दो।''

पीटर समझते थे कि प्रेम ही क्षमा है। जूडास यह नहीं समझते थे।

एक प्रसिद्ध लेखक अपने एक दोस्त के साथ चले जा रहे थे कि तभी एक लड़के ने सड़क पार की, बिना इस ओर ध्यान दिए कि एक ट्रक पूरी रफ़्तार से उसकी ओर बढ़ रहा है। एक पल से कम समय में वह लेखक ट्रक के आगे झपटे और उन्होंने किसी तरह उस लड़के को बचा लिया। इसके पहले कि कोई उनके इस साहसपूर्ण क़दम को लेकर उन्हें बधाई देता, उन्होंने लड़के के चेहरे पर एक तमाचा मारा और कहा :

''दिखावे पर मत जाओ, मेरे बच्चे। मैंने तुम्हें केवल इसलिए बचाया है, ताकि तुम उन समस्याओं से न भाग सको, जिनका सामना तुम्हें बड़े होने पर करना पड़ेगा।''

गुरु कहते हैं :

हम कभी-कभी जब कोई अच्छा कर्म करते हैं, तो शर्मिंदा महसूस करते हैं। हमारा अपराध-बोध हमसे हमेशा यह कह रहा होता है कि जब हम कोई उदारतापूर्ण कर्म करते हैं, तो हम वास्तव में दूसरे लोगों पर प्रभाव डालने की, परमेश्वर को रिश्वत देने की, और ऐसी ही दूसरी कोशिशें कर रहे होते हैं। हमें इस बात को स्वीकार करना मुश्किल प्रतीत होता है कि मनुष्य का स्वभाव बुनियादी तौर पर अच्छा है। हम अपने सौम्य कृत्यों को विडंबना और उदासीनता से छिपाने की कोशिश करते हैं, मानो प्रेम कमज़ोरी का पर्याय हो।

वह मेज़ की ओर देखते हुए सोच रहा था कि वह क्या चीज़ है, जो पृथ्वी पर उसके समय का सर्वश्रेष्ठ प्रतीक हो। उसके सामने गैलीली से आए अनार थे, दक्षिणी रेगिस्तानों के मसाले थे, सीरिया के मेवे थे और मिस्र के खजूर थे। उसने उन चीज़ों में से किसी एक को आशीर्वाद देने के लिए अपना हाथ बढ़ाया होगा कि तभी उसे यह ख़याल आया कि वह जो संदेश लाया था, वह सभी स्थानों के सभी लोगों के लिए था, और शायद अनार और खजूर दुनिया के हर हिस्से में नहीं होते थे।

उसने फिर अपने चारों ओर देखा, और उसके मन में एक और ख़याल आया : सृष्टि का चमत्कार उन अनारों, खजूरों और दूसरे फलों में था, जिन्हें किसी तरह के मानवीय हस्तक्षेप की ज़रूरत नहीं थी।

फिर उसने ब्रेड उठाई, और उसके टुकड़े कर अपने शिष्यों को देते हुए कहा :

"लो, खाओ, क्योंकि यह मेरी काया है।"

क्योंकि ब्रेड हर कहीं मिल सकती थी, और खजूरों और अनारों और सीरिया से आए अन्य फलों से भिन्न, ब्रेड परमेश्वर तक जाने वाले मार्ग का सर्वश्रेष्ठ प्रतीक थी, क्योंकि ब्रेड पृथ्वी *और* मानवीय श्रम का फल थी।

बाज़ीगर चौराहे के बीच में रुकता है, तीन नारंगियाँ उठाता है, और उन्हें हवा में उछालना शुरू कर देता है। लोग उसके चारों ओर एकत्र होकर उसकी दक्षता और हाथों के सुघड़ संचालन पर चकित होते हैं।

''जीवन किंचित इसी तरह का है,'' कोई व्यक्ति मुसाफ़िर से कहते हैं। ''हमारे पास हमेशा हर हाथ में एक नारंगी होती है और दूसरी हवा में होती है। और यही फ़र्क़ है। नारंगी को ज़बरदस्त दक्षता और समझ के साथ हवा में उछाला गया था, लेकिन उसका अपना मार्ग था। उस बाज़ीगर की तरह हम एक सपना हवा में उछालते हैं, लेकिन उस पर हमारा हमेशा नियंत्रण नहीं होता। ऐसे में हमें उसे परमेश्वर के सामने समर्पित कर देना चाहिए और प्रार्थना करनी चाहिए कि यथासमय, सपना गरिमापूर्वक अपने मार्ग पर चल सके और साकार होकर हमारे हाथों में गिरे।''

आंतरिक विकास को प्रोत्साहन देने के लिए सबसे सशक्त अभ्यास यह है कि आप उन क्रियाओं पर ध्यान केंद्रित करें, जो हम स्वत:स्फूर्त ढंग से करते हैं, जैसे कि साँस लेना, पलक झपकाना, या अपने आस-पास की चीज़ों को देखना।

जब हम ऐसा करते हैं, तब हम अपने मस्तिष्क को अधिक मुक्त ढंग से काम करने की गुंजाइश देते हैं, जिनमें हमारी आकांक्षाएँ हस्तक्षेप नहीं करतीं।

कुछ समस्याएँ, जिनके बारे में लगता है कि वे हल नहीं हो सकतीं, हल हो जाती हैं, जो कुछ ख़ास काम हमें असंभव प्रतीत होते हैं, वे बिना किसी उद्यम के पूरे हो जाते हैं।

गुरु कहते हैं :

जब मुश्किल परिस्थितियों का सामना कर रहे हो, तब यह तकनीक अपनाकर देखो। यह थोड़े अनुशासन की माँग ज़रूर करती है, लेकिन इसके परिणाम आश्चर्यजनक हो सकते हैं।

एक आदमी बाज़ार में फूलदान बेच रहा है। एक औरत आती है और बेची जा रही चीज़ों को देखती है। कुछ फूलदान एकदम सादे हैं, वहीं कुछ हैं, जो बहुत मेहनत के साथ सजाए गए हैं।

वह विभिन्न फूलदानों की क़ीमत पूछती है। उसे यह देखकर आश्चर्य होता है कि उन सब फूलदानों की क़ीमत समान है।

''सजावट वाले फूलदान की क़ीमत सादे फूलदान जितनी कैसे हो सकती हैं?'' वह पूछती है। ''जिस फूलदान को बनाने में ज़्यादा वक़्त लगा, उसकी क़ीमत उतनी ही क्यों, जितनी सादे फूलदान की है?''

''मैं कलाकार हूँ,'' विक्रेता कहता है। ''मैं उस फूलदान की क़ीमत तो वसूल कर सकता हूँ, जो मैंने बनाया है, लेकिन सुंदरता की क़ीमत नहीं वसूल कर सकता। सुंदरता मुफ़्त में आती है।''

मुसाफ़िर चर्च से निकला, तो वह अकेलापन महसूस कर रहा था, तभी उसका एक दोस्त उसके पास आ पहुँचा।

"मैं वाक़ई तुमसे बात करना चाहता हूँ," वह बोला।

मुसाफ़िर ने इस मुलाक़ात को एक संकेत की तरह देखा, और वह इतना उत्साहित हो उठा कि वह उस हर चीज़ के बारे में बात करने लगा, जो उसे महत्त्वपूर्ण लगती थी। उसने परमेश्वर की अनुकंपाओं के बारे में बात की, प्रेम के बारे में बात की, उसने कहा कि उसका वह दोस्त उसके उस देवदूत का संकेत है, जो उस पर नज़र रखे हुए है, क्योंकि कुछ ही मिनटों पहले वह अकेला महसूस कर रहा था,लेकिन अब उसके पास उसका साथी है।

दोस्त ने ख़ामोश होकर उसकी सारी बातें सुनी, उसे धन्यवाद दिया और चला गया।

आनंद की बजाय मुसाफ़िर ने अब सबसे ज़्यादा अकेलापन महसूस किया। बाद में उसे समझ में आया कि साथी मिल जाने के उत्साह में उसने अपने दोस्त की बात करने की इच्छा की ओर ध्यान ही नहीं दिया था।

मुसाफ़िर ने ज़मीन की ओर देखा और पाया कि उसके शब्द फुटपाथ पर बिखरे हुए थे, क्योंकि ब्रह्मांड को उस समय किसी और चीज़ की ज़रूरत थी।

पाओलो कोएलो

राजकुमार के क्रिसनिंग संस्कार में तीन परियों को आमंत्रित किया गया। एक ने उसे सच्चा प्रेम पाने का उपहार दिया। दूसरी ने उसे पैसा दिया, जिसे वह मनमाफ़िक ख़र्च कर सकता था। तीसरी ने उसे सुंदर दिखने का उपहार दिया।

लेकिन जैसा कि हर परीकथा में होता है, एक दुष्ट जादूगरनी प्रकट हुई। चूँकि उसे आमंत्रित नहीं किया गया था, इसलिए वह बहुत नाराज़ थी और इसीलिए उसने यह शाप दे दिया :

''चूँकि अब तुम्हारे पास सब कुछ है, मैं तुम्हें कुछ और भी दूँगी। तुम जो भी करोगे, उसमें असाधारण प्रतिभा का प्रदर्शन करोगे।''

राजकुमार बड़ा होकर ख़ूबसूरत नौजवान बना, रईस हुआ और उसे प्रेम भी हुआ, लेकिन वह कभी पृथ्वी पर अपनी मुहिम को पूरा करने में सक्षम नहीं हुआ। वह उत्कृष्ट चित्रकार, मूर्तिकार, लेखक, संगीतकार, गणितज्ञ बना, लेकिन वह कोई भी काम पूरा नहीं कर पाता था, क्योंकि उसका ध्यान आसानी-से भटक जाया करता था और उसकी कुछ भिन्न काम करने की इच्छा होने लगती थी।

गुरु कहते हैं :

सारे मार्ग एक ही जगह की ओर जाते हैं, लेकिन अपना ख़ास मार्ग चुनो और उस पर अंत तक चलते रहो; हर रास्ते पर चलने की कोशिश कभी मत करो।

किसी अज्ञात व्यक्ति द्वारा लिखा गया अठारहवीं सदी का एक मज़मून एक रूसी संन्यासी के बारे में बात करता है, जिसे एक आध्यात्मिक मार्गदर्शक की तलाश थी।

एक दिन, उसे बताया गया कि एक गाँव में एक तपस्वी रहता है, जिसने ख़ुद को रात-दिन अपनी आत्मा की मुक्ति के लिए समर्पित कर रखा है। यह सुनकर, वह संन्यासी उस तपस्वी की तलाश में निकल पड़ा।

''मैं चाहता हूँ कि आप आत्मा के मार्ग पर मेरा मार्गदर्शन करें,'' संन्यासी ने कहा।

''आत्मा का अपना मार्ग होता है, और तुम्हारा देवदूत तुम्हारा मार्गदर्शन करेगा,'' तपस्वी ने कहा। ''अनवरत प्रार्थना करो।''

''मैं नहीं जानता कि उस तरह प्रार्थना कैसे करूँ। मेरा अनुरोध है कि आप मुझे शिक्षा दें।''

''अगर तुम अनवरत प्रार्थना करना नहीं जानते, तो परमेश्वर से प्रार्थना करो कि वह तुम्हें अनवरत प्रार्थना करना सिखाएँ।''

''आप मुझे कुछ भी नहीं सिखा रहे हैं,'' संन्यासी ने कहा।

''सिखाने के लिए कुछ है ही नहीं, क्योंकि आस्था की उस तरह शिक्षा नहीं दी जा सकती, जिस तरह बुनियादी गणित की शिक्षा दी जाती है। आस्था के रहस्य को स्वीकार करो और ब्रह्मांड ख़ुद को तुम्हारे समक्ष प्रकट कर देगा।''

स्पेन के कवि एंतोनियो मचाडो ने लिखा था :

मुसाफ़िर, तुम मार्ग तैयार करते हो
अपने क़दमों से, और कुछ नहीं;
मुसाफ़िर, कोई मार्ग नहीं है,
तुम उस पर चलते हुए मार्ग तैयार करते हो
उस पर चलते हुए तुम मार्ग तैयार करते हो
और जब तुम पीछे मुड़कर देखोगे
तुम्हें मार्ग दिखाई देगा।
मार्ग, जिस पर तुम फिर कभी नहीं चलोगे।
मुसाफ़िर, कोई मार्ग नहीं है,
केवल समुद्र में जहाज़ द्वारा छोड़ी गई लकीर है।

गुरु कहते हैं :

लिखो। वह चाहे ख़त हो या डायरी हो या फ़ोन पर बात करते हुए लिखे गए नोट हों, लेकिन लिखो।

लेखन हमें परमेश्वर और हमारे साथी मनुष्यों के ज़्यादा क़रीब ले जाता है।

अगर तुम दुनिया में अपनी भूमिका को बेहतर ढंग से समझना चाहते हो, तो लिखो। अपनी संपूर्ण आत्मा को लेखन में उतार देने की कोशिश करो, भले ही उसे कभी कोई न पढ़े, या और भी बदतर यह हो कि कोई ऐसा कुछ पढ़ जाए, जो तुम नहीं चाहते थे कि वह पढ़े। सिर्फ़ लेखन हमारे विचारों को व्यवस्थित करने और अपने आस-पास की दुनिया को ज़्यादा साफ़ ढंग से देखने में हमारी मदद करता है। काग़ज़ का एक टुकड़ा और क़लम चमत्कार कर सकते हैं - दुःख को मिटा सकते हैं, सपनों को वास्तविकता में बदल सकते हैं, खोई हुई उम्मीदों को वापस लौटा सकते हैं।

शब्द शक्ति है।

रेगिस्तान के संन्यासियों के मुताबिक़, हमें देवदूतों को अपना काम करने के लिए स्वतंत्र छोड़ देना चाहिए। यही वजह है कि वे कभी-कभी बेतुके काम करते थे, जैसे कि फूलों से बात करना, या बेवजह हँसना। कीमियागर "परमेश्वर के संकेतों" का अनुसरण करते हैं, ऐसे सुराग़ों का जो अक्सर कोई अर्थ नहीं रखते, लेकिन जो हमेशा कहीं ले जाते हैं।

गुरु कहते हैं :

पागल कहलाए जाने से मत डरो, आज कुछ ऐसा करो, जो उन सारे तर्कों के विपरीत जाता हो, जो तुम्हें सिखाए गए थे। तुम्हें जितना अक़्लमन्द होने की शिक्षा दी गई थी, उससे थोड़े कम अक़्लमन्द बनो। वह छोटी-सी चीज़, छोटी-सी होते हुए भी बहुत बड़े - मानवीय और आध्यात्मिक - साहसिक कार्य का दरवाज़ा खोल सकती है।

एक आदमी अपनी अत्यन्त भड़कीली मर्सडीज़-बेंज़ ड्राइव कर रहा है कि तभी टायर फट जाता है। वह उसे बदलने की कोशिश करता है, लेकिन पाता है कि उसके पास जैक नहीं है।

''ठीक है, मुझे जो भी पहला घर मिलेगा, उसमें जाकर जैक उधार माँग लूँगा,'' वह कहता है और मदद की तलाश में निकल पड़ता है।

''जब वह व्यक्ति मेरी कार देखेगा, तो वह जैक के बदले मुझसे कुछ माँग सकता है,'' वह सोचता है। ''वह मुझसे दस डॉलर माँग सकता है। या मुमकिन है, पचास माँग ले, क्योंकि उसे मालूम है कि मुझे वाक़ई जैक की ज़रूरत है। वह मेरा फ़ायदा उठाने की कोशिश करेगा और मुमकिन है, मुझसे सौ डॉलर माँगने लगे।''

और वह जैसे-जैसे आगे बढ़ता जाता है, क़ीमत बढ़ती ही चली जाती है।

जब वह एक मकान पर पहुँचता है, और मकान-मालिक दरवाज़ा खोलता है, तो वह आदमी चिल्लाता है :

''तुम चोर हो! जैक इतना क़ीमती नहीं होता। रखे रहो अपने पास!''

हममें से कौन है, जो यह कह सके कि उसने ऐसा कभी नहीं किया?

मिल्टन एरिक्सन ने थैरेपी के उस रूप की रचना की थी, जिसे हाल ही के दिनों में लाखों लोग अपनाने लगे हैं। जब वह बारह साल का था, तो उसे पोलियो हो गया था। बीमारी के संपर्क में आने के दस महीने बाद उसने एक डॉक्टर को अपने अभिभावकों से कहते हुए सुना :

''आपका बेटा आज की रात जीवित नहीं बच पाएगा।''

फिर एरिक्सन ने अपनी माँ को रोते हुए सुना, और वह सोचने लगा : ''कौन जाने? अगर मैं आज की रात जीवित बचा रहता हूँ, तो उसे बहुत ज़्यादा दु:ख नहीं भोगना पड़ेगा।''

और उसने अगली सुबह तक जागते रहने का निश्चय किया।

सुबह उसने अपनी माँ को आवाज़ दी :

''अरे, देखो, मैं अभी भी ज़िंदा हूँ!''

उसका परिवार इतना ख़ुश हुआ कि उसके बाद से उसने हमेशा एक और दिन जीवित बने रहने का निश्चय कर लिया और इस तरह अपने माता-पिता को और ज़्यादा दु:ख भोगने से बचा लिया।

उसने 1980 में 78 वर्ष की आयु पाकर इस दुनिया से विदा ली, और वह अपने पीछे अपनी सीमाओं पर विजय पाने की असाधारण क्षमता पर केंद्रित अनेक महत्त्वपूर्ण क़िताबें छोड़ गया।

मठाधीश पेस्टर के एक नवदीक्षित शिष्य ने उनसे कहा, ''फ़ादर, मेरा हृदय इस जगत के प्रति प्रेम से भरा हुआ है और मेरी आत्मा शैतान के प्रलोभनों से मुक्त है। मेरा अगला क़दम क्या होना चाहिए?''

मठाधीश ने उसे अपने साथ उस जगह चलने को कहा, जहाँ एक मरीज़ अंतिम अनुष्ठानों के लिए उनकी प्रतीक्षा कर रहा था।

उस परिवार से बातचीत करने के बाद मठाधीश का ध्यान अचानक उस बड़े संदूक की ओर गया, जो घर के एक कोने में रखा हुआ था।

''उस संदूक में क्या है?'' उन्होंने पूछा।

''उसमें मेरे चाचा के वे कपड़े हैं, जो वे कभी नहीं पहनते,'' मरणासन्न आदमी के भतीजे ने कहा। ''वे हमेशा उस सही मौक़े का इंतज़ार करते रहे जब वे उन्हें पहन सकते, और नतीजा यह हुआ कि वे उस संदूक के अंदर पड़े-पड़े सड़ गए।''

जब वे वहाँ से चले गए, तब मठाधीश पेस्टर ने नवदीक्षित शिष्य से कहा, ''उस संदूक को मत भूलना। अगर तुम्हारे हृदय में आध्यात्मिक निधियाँ हैं, तो उन्हें आज ही व्यवहार में लाओ, अन्यथा वे पड़ी-पड़ी सड़ ही जाएँगी।''

आध्यात्मिक लोगों का कहना है कि जब हम अपनी आध्यात्मिक यात्रा पर निकलते हैं, तो हम परमेश्वर से इतनी ज़्यादा बातें करने लगते हैं कि हम वह नहीं सुनते, जो वह हमसे कहना चाहते हैं।

गुरु कहते हैं:

थोड़ा विश्राम करें। यह आसान नहीं है; हमारी स्वाभाविक प्रवृत्ति है कि हम हर समय सही काम करना चाहते हैं और मानते हैं कि हम ऐसा केवल लगातार काम करके ही हासिल कर सकते हैं।

प्रयास करना, गिरना, उठना और आगे बढ़ना महत्त्वपूर्ण है, लेकिन हमें परमेश्वर को हमारी मदद करने की गुंजाइश देनी चाहिए। जब हम किसी चीज़ पर वास्तव में कड़ी मेहनत कर रहे हैं, तो आइए याद रखें कि हम ख़ुद को क़रीब से देखें और परमेश्वर को ख़ुद को प्रकट करने और हमारा मार्गदर्शन करने की गुंजाइश दें।

और कभी-कभी, आइए हम उन्हें इतनी गुंजाइश दें कि वे हमें अपनी गोद में बैठने दें।

एक नौजवान स्केटिस मठ के मठाधीश से मिलने पहुँचा। वह इस बारे में परामर्श चाहता था कि आध्यात्मिक मार्ग का अनुसरण कैसे किया जाए।

''पूरे एक वर्ष तक हमेशा किसी भी ऐसे व्यक्ति को पैसे दो, जो तुम्हें अपमानित करता हो या तुम्हारे प्रति आक्रामक व्यवहार करता हो,'' मठाधीश ने कहा।

उस नौजवान ने पूरे बारह महीने तक वैसा ही किया, और फिर अपने अगले क़दम के बारे में जानने के लिए वह वापस मठाधीश के पास पहुँचा।

''शहर में जाओ और मेरे लिए कुछ भोजन ख़रीदकर लाओ,'' मठाधीश ने कहा।

जैसे ही वह नौजवान गया, मठाधीश ने भिखारी का वेश धारण किया और, शॉर्टकट लेते हुए नगर के द्वार की ओर भागे। जब वह नौजवान वहाँ पहुँचा, तो मठाधीश ने उसका अपमान करना शुरू कर दिया।

''वाह!'' नौजवान ने उस छद्म भिखारी से कहा। ''मुझे पूरे एक साल तक उस किसी भी व्यक्ति को पैसे देने पड़े, जो मेरे प्रति आक्रामक रवैया रखता था, लेकिन अब मैं मुफ़्त में अपमानित किया जा सकता हूँ, एक पैसा ख़र्च किए बग़ैर!''

जब मठाधीश ने यह सुना, तो उन्होंने अपनी नक़ली वेशभूषा उतार दी।

"अब तुम अगला क़दम उठाने के लिए तैयार हो, क्योंकि अब तुम अपनी समस्याओं पर हँस सकते हो," उन्होंने कहा।

मुसाफ़िर अपने दो दोस्तों के साथ न्यू यॉर्क में चला जा रहा था। अचानक, एक पूरी तरह साधारण बातचीत के दौरान, दोनों दोस्तों के बीच बहस छिड़ गई, जिसमें हाथापाई तक की नौबत आ गई।

बाद में, जब वे शांत हो गए, तो एक बार में गए। एक ने दूसरे से माफ़ी माँगते हुए कहा :

''मैंने देखा कि जो लोग हमारे सबसे ज़्यादा क़रीब होते हैं, उनको नुक़सान पहुँचाना कितना आसान होता है। अगर तुम अजनबी होते, तो मैं कभी तुम्हारे प्रति इतना उग्र न हुआ होता, लेकिन केवल इसलिए कि हम दोस्त हैं, और क्योंकि तुम मुझे दूसरों के मुक़ाबले बेहतर ढंग से समझते हो, मुझे और अधिक आक्रामक होने का लाइसेंस मिल गया। तुम्हारे लिए यह मानव-स्वभाव है।''

शायद ऐसा ही है, लेकिन हमें इसका प्रतिरोध करना चाहिए।

ऐसे क्षण आते हैं, जब हम किसी ख़ास व्यक्ति की मदद करना चाहते हैं, लेकिन हम कुछ कर नहीं सकते। या तो परिस्थितियाँ हमारे ख़िलाफ़ होती हैं, या वह व्यक्ति किसी तरह एकजुटता या समर्थन की किसी भी चेष्टा के प्रति अंदर से बंद होता है।

गुरु कहते हैं :

जो बचता है, वह प्रेम है। जब हम और कुछ नहीं कर सकते, तो हम कम से कम प्रेम तो कर ही सकते हैं, बदले में किसी भी चीज़ की उम्मीद किए बिना या यह उम्मीद किए बिना कि वह व्यक्ति बदल जाएगा या हमें धन्यवाद देगा।

अगर हम ऐसा करते हैं, तो प्रेम की ऊर्जा हमारे चारों ओर ब्रह्मांड को रूपांतरित करने लगती है। जब वह ऊर्जा प्रकट होती है, तो वह हमेशा अपना जादू कर दिखाती है।

रोमांटिक कवि जॉन कीट्स ने हमें कविता की बहुत सुंदर परिभाषा उपलब्ध कराई थी, और अगर हम चाहें तो इस परिभाषा को जीवन की परिभाषा की तरह भी देख सकते हैं।

''मैं समझता हूँ कि कविता को अतिरेक से विस्मित करना चाहिए, न कि अद्वितीयता से; उसे पाठक को उसके उच्चतम विचारों की शब्दावली के रूप में प्रभावित करना चाहिए और लगभग एक स्मरण के रूप में प्रकट होना चाहिए।

सौंदर्य का उसका स्पर्श कभी आधा-अधूरा नहीं होना चाहिए, जो पाठक को संतुष्ट करने की बजाय बेदम कर दे। बिंबों का उदय, बढ़त और विन्यास उसे, सूर्य की माफ़िक, स्वाभाविक प्रतीत होना चाहिए, उस पर चमकना चाहिए, और उसे सादे ढंग से अस्त होना चाहिए, यद्यपि पूरी भव्यता के साथ, जो उसे गोधूलि की समृद्धि के बीच छोड़ सके।''

पंद्रह वर्ष पहले, जब मुसाफ़िर अपनी आस्था से इंकार कर रहा था, वह अपनी बीवी और एक दोस्त के साथ रियो दे जेनेरियो में था। उन्होंने थोड़ी-सी शराब पी, और उसके बाद एक और पुराना दोस्त उनसे आ मिला, जिसके साथ उन्होंने 1960 और 1970 के दशक में कई साहसिक कारनामों को साझा किया था।

"अब तुम क्या कर रहे हो?" मुसाफ़िर ने पूछा।

"मैं पादरी हूँ," दोस्त ने कहा।

जब वे रेस्तराँ से निकले, तो मुसाफ़िर ने फ़ुटपाथ पर सोते एक बच्चे की ओर इशारा किया।

"देखा, ईसा दुनिया की कितनी चिंता करते हैं?" उसने विडंबनापूर्ण लहज़े में कहा।

"बेशक," पादरी ने कहा। " ईसा ने बच्चे को ठीक ऐसी जगह रखा है, कि तुम उसे देख सको और तुम्हें यह अहसास हो सके कि तुम वास्तव में मदद के तौर पर कुछ कर सकते हो।"

दुनिया का संक्षिप्ततम संविधान लिखने की कोशिश के लिए यहूदी अध्येताओं का एक समूह एकत्र हुआ। तय हुआ कि किसी आदमी को एक पैर पर संतुलन बनाने में जितना समय लगता है, उतने समय में अगर कोई मानव-व्यवहार को नियंत्रित करने वाले नियमों का सारांश तैयार करने में सक्षम होता है, तो अपने समय का महानतम संत माना जाएगा।

''क़ानून तोड़ने वाले लोगों को परमेश्वर दंडित करता है,'' एक ने कहा।

दूसरे लोगों का तर्क था कि यह क़ानून नहीं है, बल्कि धमकी ज़्यादा है, और उस क़ानून को रद्द कर दिया गया।

तभी रब्बी हिलेल वहाँ पहुँच गए और, एक पैर पर खड़े होकर बोले :

''दूसरों के साथ वैसा मत करो, जो तुम अपने साथ करने से नफ़रत करते हो : यही संपूर्ण तोराह है; बाक़ी महज़ उसकी व्याख्या है।''

और इस तरह रब्बी हिलेल को उनके समय का महानतम संत मान लिया गया।

अपने दोस्त और मूर्तिकार जैकब एप्सटीन के घर में पत्थर का एक विशाल खंड देखकर, नाटककार जॉर्ज बर्नार्ड शॉ ने पूछा :

''तुम इस ग्रेनाइट का क्या करने वाले हो?''

''यह तो मुझे अभी तक नहीं पता। मैं अभी भी योजना बनाने में लगा हूँ।''

''तुम्हारा मतलब है कि तुम अपने काम की योजना बनाते हो?'' शॉ ने कहा। ''क्यों, मैं तो अपना दिमाग़ दिन में कई बार बदलता हूँ!''

''चार आउंस की पांडुलिपि के मामले में तो यह बहुत अच्छा है,'' मूर्तिकार ने जवाब दिया, ''लेकिन चार टन के पत्थर के मामले में नहीं।''

गुरु कहते हैं :

हम सभी जानते हैं कि अपना काम बेहतर ढंग से कैसे किया जाए, लेकिन जिस आदमी को वास्तव में कोई काम करना होता है, वही उसकी मुश्किलों को समझता है।

मठाधीश जोआओ पेक्येनो ने सोचा : ''मुझे देवदूतों जैसा होने की ज़रूरत है, जो परमेश्वर की महिमा का ध्यान करने के अलावा कुछ नहीं करते।'' उस रात वे स्केटिस मठ से निकलकर रेगिस्तान में चले गए।

एक सप्ताह बाद वे लौट आए। द्वार पर तैनात संन्यासी ने दरवाज़ा खटखटाने की आवाज़ सुनी, तो उसने पूछा कौन है।

''मठाधीश जोआओ,'' मठाधीश ने कहा। ''मैं भूखा हूँ।''

''यह असंभव है,'' संन्यासी ने कहा। ''मठाधीश जोआओ तो रेगिस्तान में देवदूत में रूपांतरित हो रहे हैं। वे अब भूख महसूस नहीं करते और उन्हें अपना पेट भरने के लिए काम करने की ज़रूरत नहीं पड़ती।''

''मुझे मेरे अहंकार के लिए क्षमा कर दो,'' मठाधीश जोआओ ने कहा। ''देवदूत हम इंसानों की मदद करते हैं। यह उनका काम है, और यही वजह है कि वे परमेश्वर की महिमा का ध्यान करते हैं। मैं भी अपना रोज़मर्रा का काम करते हुए उसकी महिमा का ध्यान कर सकता हूँ।''

जब संन्यासी ने ये विनम्रतापूर्ण शब्द सुने, तो उसने मठ के द्वार खोल दिए।

मनुष्य ने विनाश के जितने भी शक्तिशाली हथियार आविष्कृत किए हैं, उनमें सबसे भयानक और सबसे कायराना हथियार'शब्द' है।

चाकू और बंदूक़ ख़ून के धब्बे छोड़ देते हैं। बम इमारतों और सड़कों को तबाह कर देते हैं। ज़हर का हमेशा पता लगाया जा सकता है।

गुरु कहते हैं : शब्द बिना कोई निशान छोड़े विनाश कर सकता है। बच्चे वर्षों तक अपने अभिभावकों द्वारा नियंत्रित होते हैं, पुरुषों की बेरहमी के साथ आलोचना होती है, औरतों की उनके पतियों की टीका-टिप्पणियों के माध्यम से बाकायदा निर्मम हत्याएँ की जाती हैं। आस्थावान लोगों को मज़हब से उन लोगों द्वारा दूर रखा जाता है, जिनका यह विश्वास है कि वे लोग परमेश्वर की वाणी की व्याख्या कर सकते हैं।

क्या तुम ख़ुद भी इस हथियार का इस्तेमाल कर रहे हो? क्या यह हथियार तुम्हारे ख़िलाफ़ इस्तेमाल किया जा रहा है? अगर ऐसा है, तो दोनों ही चीज़ें मत होने दो।

करेन विलियम्स एक बहुत विचित्र स्थिति का वर्णन करने की कोशिश कर रहे हैं :

''कल्पना करें कि जीवन त्रुटिहीन है। आप एक त्रुटिहीन दुनिया में त्रुटिहीन लोगों के साथ रह रहे हैं, जिसमें आपकी संभावित ज़रूरत की हर चीज़ उपलब्ध है, जिसमें हर कोई त्रुटिहीन ढंग से, सही समय पर सब कुछ कर रहा है। इस दुनिया में वह सब है, जिसकी आप आकांक्षा कर सकते हैं, केवल वही, जिसकी आप आकांक्षा कर सकते हैं, जिसमें ठीक वह हो सकता है, जिसका आपने सपना देखा था। और आप जब तक चाहें जीवित रह सकते हैं।

''कल्पना करें कि, सौ या दो सौ साल बाद, आप त्रुटिहीन ढंग से स्वच्छ एक बेंच पर किसी भव्य दृश्य के सामने बैठे हैं और सोच रहे हैं : 'कितना उबाऊ है! उत्तेजना कहाँ है?'

''तभी, आपका ध्यान सहसा आपके सामने एक लाल बटन की ओर जाता है, जिस पर लिखा है : आश्चर्य!

''इस शब्द का क्या अर्थ हो सकता है, इस पर सावधानीपूर्वक विचार करने के बाद, क्या आप बटन दबा देते हैं? निश्चय ही! फिर आप एक अँधेरी सुरंग में प्रवेश करते हैं और उस दुनिया में बाहर निकलते हैं, जिसमें आप ठीक इस वक़्त रह रहे हैं।''

एक रेगिस्तानी किंवदंती उस आदमी का क़िस्सा बताती है, जो एक नख़लिस्तान से दूसरे नख़लिस्तान में जाने की प्रक्रिया में था और उसने अपने ऊँट पर सामान लादना शुरू किया था। उसने कंबल लादे, रसोई के बर्तन लादे, कपड़ों से भरे संदूक लादे, और ऊँट दृढ़तापूर्वक खड़ा रहा। जब वह जाने को ही था, तभी उसे उस सुंदर नीले पंख की याद हो आई, जो उसे एक बार उसके पिता ने दिया था।

उसने वापस लौटकर उसे भी ऊँट पर लदे सामान में शामिल करने का निश्चय किया।

ऊँट तत्काल उस बोझ से दबकर गिर पड़ा और मर गया।

उस आदमी ने निश्चय ही सोचा होगा : ''एक पंख का वज़न मेरे ऊँट के लिए बहुत ज़्यादा था।''

कभी-कभी हम ऐसा ही उन लोगों के बारे में सोचते हैं, जो हमारे क़रीब होते हैं, और यह समझने में विफल रहते हैं कि हमारी मज़ाक़िया टिप्पणी वह तिनका साबित हो सकती है, जो ऊँट की कमर तोड़ सकती है।

पाओलो कोएलो

''कभी-कभी लोग फ़िल्मों में देखी गई चीज़ों के इतने अभ्यस्त हो जाते हैं कि वे वास्तविक कहानी को भूल जाते हैं,'' किसी ने मुसाफ़िर से कहा, जब वे मिआमी के बंदरगाह की ओर देख रहे थे। *तुम्हें टेन कमांडमेंट्स की* याद है*?''*

''हाँ, हाँ। एक मक़ाम पर मूसा की भूमिका निभा रहे चार्ल्टन हेस्टन अपनी लाठी ऊपर उठाते हैं, तो पानी विभाजित हो जाता है, और हिब्रू लोग लाल सागर को पार कर जाते हैं।''

''बाइबल में यह कहानी भिन्न है,'' दूसरा आदमी कहता है। ''वहाँ परमेश्वर है, जो मूसा को निर्देश देता है : ''इज़रायल के बच्चों से कहो कि वे आगे बढ़ें।'' और केवल तभी जब वे चलना शुरू करते हैं, मूसा अपनी लाठी ऊपर उठाते हैं और लाल सागर विभाजित हो जाता है, क्योंकि जब आप में मार्ग का अनुसरण करने का साहस आ जाता है, तभी मार्ग ख़ुद को उजागर करता है।''

ये शब्द सेलावादक पाब्लो कासाल द्वारा लिखे गए थे :

"मैं हर दिन पुनर्जन्म लेता हूँ। मुझे हर दिन फिर से शुरुआत करनी होती है। पिछले अस्सी सालों से, मैं हर दिन की शुरुआत एक ही ढंग से करता रहा हूँ। यह कोई यांत्रिक दिनचर्या नहीं है, बल्कि मेरे रोज़मर्रा के जीवन के लिए अनिवार्य है। मैं पियानो के पास जाता हूँ, और बाख़ के दो प्रिल्यूड और एक फ़्यूग बजाता हूँ। यह मेरे घर पर एक क़िस्म की मंगलकामना होती है, लेकिन यह मानव जाति के चमत्कार का हिस्सा होने के साथ, जीवन के रहस्य के साथ संपर्क पुनर्स्थापित करने का भी एक ढंग है। बावजूद इसके कि यह मैं पिछले अस्सी वर्षों से करता आ रहा हूँ, यह चीज़ मुझे हर बार कोई नई, विलक्षण और अविश्वसनीय सीख देती है।"

गुरु कहते हैं :

एक ओर, हम यह जानते हैं कि परमेश्वर की खोज करना महत्त्वपूर्ण है। दूसरी ओर, जीवन हमें उससे दूर करता जाता है; हमें लगता है कि वह हमारी उपेक्षा कर रहा है या हम अपने रोज़मर्रा जीवन में बहुत ज़्यादा व्यस्त होते हैं। यह चीज़ हमें अपराध-बोध से भर देती है : हम सोचते हैं कि हम या तो परमेश्वर की ख़ातिर अपने बहुत सारे जीवन का त्याग कर रहे हैं या जीवन की ख़ातिर परमेश्वर का बहुत अधिक त्याग कर रहे हैं।

यह ज़ाहिर तौर पर दोहरी सोच एक फ़ंतासी है : परमेश्वर जीवन में है और जीवन परमेश्वर में है। अपनी नियति को बेहतर ढंग से समझने के लिए हमें इस बात के प्रति सजग रहना ज़रूरी है। जब तक हम अपने रोज़मर्रा के जीवन के पवित्र सामंजस्य के साथ संपर्क बनाए रख पाएँगे, तब तक हम सही मार्ग पर होंगे और अपने उद्यमों को पूरा करने में सक्षम होंगे।

पाब्लो पिकासो ने कहा था :

''परमेश्वर एक कलाकार है। उन्होंने जिराफ़, हाथी, और चींटी का आविष्कार किया। वह कभी किसी एक शैली का अनुसरण नहीं कर रहे थे, वह तो महज़ वह कर रहे थे, जो करने का उनका मन करता था।''

गुरु कहते हैं :

जब हम अपने मार्ग पर चलना शुरू करते हैं, हम डर से भरे होते हैं; हमें लगता है कि हम सब कुछ त्रुटिहीन ढंग से करने को बाध्य हैं। चूँकि हममें से हर एक का एक अनूठा जीवन है, त्रुटिहीनता का विचार कहाँ से आया? परमेश्वर ने जिराफ़, हाथी और चीटियाँ बनाए थे, इसलिए किसी ख़ास मॉडल का अनुसरण करना क्यों ज़रूरी है?

मॉडल तो केवल यह दर्शाने की भूमिका निभाते हैं कि दूसरे लोग अपनी वास्तविकताओं को कैसे परिभाषित करते हैं, और हम अक्सर वही ग़लतियाँ करना नहीं टाल पाते, जो दूसरे लोगों ने की होती हैं, लेकिन जहाँ तक जीवन जीने का सवाल है, केवल हम ही वह कर सकते हैं।

कई धर्मपरायण यहूदी सायनॉगॉग में प्रार्थना कर रहे थे कि तभी उन्हें ए. बी. सी. डी. का पाठ करते किसी बच्चे की आवाज़ सुनाई दी।

उन्होंने पवित्र छंदों पर ध्यान एकाग्र करने की कोशिश की, लेकिन वह आवाज़ लगातार दोहराई जाती रही : ''ए. बी. सी. डी....''

रब्बी उस बच्चे के पास गया और बोला :

''तुम यह क्यों कर रहे हो?''

''क्योंकि मैं पवित्र छंद नहीं जानता,'' लड़के ने कहा। ''और मैं उम्मीद कर रहा था कि अगर मैं वर्णमाला के अक्षरों का पाठ करूँगा, तो परमेश्वर उन अक्षरों से सही शब्द बना देगा।''

''इस सीख के लिए तुम्हारा शुक्रिया,'' रब्बी ने कहा। ''मैं केवल यही उम्मीद करता हूँ कि मैं इस पृथ्वी पर परमेश्वर को अपने दिन उसी तरह प्रदान कर सकूँ, जिस तरह तुम उन्हें वर्णमाला के अक्षर दे रहे हो।''

गुरु कहते हैं :

परमेश्वर की जो आत्मा हम सबके भीतर उपस्थित है, उसका वर्णन फ़िल्म के पर्दे के रूप में किया जा सकता है। उस पर कई तरह की स्थितियाँ प्रकट होती हैं, लोगों को प्रेम हो जाता है, लोग ज़ुदा हो जाते हैं, ख़ज़ाने खोज लिए जाते हैं, सुदूर मुल्क प्रकट होते हैं।

इससे फ़र्क़ नहीं पड़ता कि कौन-सी फ़िल्म दिखाई जा रही है, पर्दा वही-का-वही बना रहता है। इससे फ़र्क़ नहीं पड़ता कि आँसू गिराए जा रहे हैं या ख़ून, क्योंकि कोई भी चीज़ पर्दे की सफ़ेदी को मैला नहीं कर सकती।

परमेश्वर फ़िल्म के पर्दे की तरह है - जीवन की सारी यातना और आह्लाद के पीछे। जब फ़िल्म समाप्त हो जाएगी, हम सब उसे देखेंगे।

एक तीरंदाज़ उस हिन्दू मठ के इर्द-गिर्द घूम रहा था, जो अपनी शिक्षाओं की सख़्ती के लिए जाना जाता था। तभी उसे बग़ीचे में भिक्षु दिखाई दिए, जो पी रहे थे और मस्ती कर रहे थे।

''कितना बुरा है,'' तीरंदाज़ ने ज़ोर-से कहा। ''परमेश्वर के मार्ग पर चलने वाले हमेशा कहते हैं कि अनुशासन कितना महत्त्वपूर्ण है और तब भी, जब उन्हें कोई नहीं देख रहा होता है, तो वे पीकर धुत्त हो जाते हैं!''

''अगर तुम एक के बाद एक सौ तीर चलाओ, तो तुम्हारे धनुष का क्या होगा?'' उस सबसे बुज़ुर्ग भिक्षु ने पूछा।

''मेरा धनुष टूट जाएगा,'' तीरंदाज़ ने कहा।

''अगर कोई व्यक्ति अपनी सीमाओं से परे चला जाएगा, तो इससे उसकी संकल्प-शक्ति टूट जाएगी,'' भिक्षु ने कहा। अगर तुम अपने काम और विश्राम के बीच संतुलन नहीं बैठा पाते, तो तुम अपना उत्साह और अपना रास्ता खो दोगे।''

एक राजा ने शांति-समझौते पर हस्ताक्षर कराने के लिए एक संदेशवाहक को सुदूर मुल्क में भेजा। उस संदेशवाहक ने अपने उन कुछ दोस्तों के सामने अपनी यात्रा की वजह उजागर कर दी, जिनका उस मुल्क के साथ महत्त्वपूर्ण कारोबारी लेन-देन था। उन्होंने उस संदेशवाहक को कुछ दिन अपने साथ रुकने को कहा और, उस शांति-समझौते की वजह से, उन्होंने नए ऑर्डर भेज दिए और अपनी कारोबार संबंधी रणनीतियों को बदल दिया।

जब वह संदेशवाहक अंततः यात्रा पर निकला, तब तक शांति-समझौते के लिए काफ़ी देर हो चुकी थी। युद्ध छिड़ गया और उसने राजा की सारी योजनाओं के साथ ही उन व्यापारियों की योजनाओं पर भी पानी फेर दिया, जिन्होंने संदेशवाहक के जाने में विलंब करवाया था।

गुरु कहते हैं :

हमें अपने जीवन में एक ही महत्त्वपूर्ण काम करना होता है : अपनी व्यक्तिगत किंवदंती को जीना, वह मुहिम जो हमें सौंपी गई है, लेकिन, हम हमेशा निरर्थक कामों के बोझ तले दब जाते हैं, जो अंततः हमारे सपनों को नष्ट कर देते हैं।

मुसाफ़िर सिडनी में है और उस पुल को ताक रहा है, जो शहर के दो हिस्सों को आपस में जोड़ता है, तभी एक ऑस्ट्रेलियाई आदमी उसके पास आकर उससे आग्रह करता है कि वह उसके लिए अख़बार में छपे विज्ञापन को पढ़ दे।

''यह इतने छोटे अक्षरों में छपा है कि मैं इसे नहीं पढ़ सकता,'' वह कहता है, ''और मैं अपना चश्मा घर पर भूल आया हूँ।''

मुसाफ़िर भी अपने पढ़ने का चश्मा लिए बग़ैर ही घर से निकल पड़ा था। वह उस आदमी से माफ़ी माँगता है, जो पलभर रुकने के बाद उससे कहता है :

''ओह ठीक है, अच्छा है कि इस विज्ञापन के बारे में भूल जाया जाए।''

फिर बातचीत जारी रखने की इच्छा से वह कहता है :

''हालाँकि, हम अकेले नहीं हैं। परमेश्वर को भी कम दिखाई देता है, इसलिए नहीं कि वह बूढ़ा है, बल्कि इसलिए कि वह ख़ुद ही चाहता था कि उसे कम दिखाई दे। इस तरह, जब कभी कोई उनका क़रीबी व्यक्ति

कुछ ग़लत करता है, तो वह अचानक पाता है कि वह ठीक-से देख नहीं सकता और, चूँकि वह अन्यायपूर्ण नहीं होना चाहता, इसलिए अंततः उसे माफ़ कर देता है।''

''और लोग, जो अच्छे काम करते हैं, उनका क्या?'' मुसाफ़िर पूछता है।

''परमेश्वर, निश्चय ही, अपना चश्मा कभी घर पर नहीं भूलता,'' ऑस्ट्रेलियाई ने हँसते हुए और वहाँ से जाते-जाते कहा।

‘‘क्या प्रार्थना से ज़्यादा महत्त्वपूर्ण कुछ है?’’ एक शिष्य ने अपने गुरु से पूछा।

गुरु ने उस शिष्य से पास के एक वृक्ष से उसकी एक डाल तोड़कर लाने को कहा। शिष्य ने आज्ञा का पालन किया।

‘‘क्या वृक्ष अभी भी जीवित है?’’ गुरु ने पूछा।

‘‘उतना ही जीवित है, जितना वह पहले था,’’ शिष्य ने कहा।

‘‘फिर उसके पास जाओ और उसकी जड़ों को काट दो,’’ गुरु ने कहा।

‘‘अगर मैंने ऐसा किया, तो पेड़ मर जाएगा,’’ शिष्य ने कहा।

‘‘प्रार्थनाएँ उस वृक्ष की शाखाएँ हैं, जिसकी जड़ों को आस्था कहा जाता है,’’ गुरु ने कहा। ‘‘आस्था प्रार्थना के बिना भी बनी रह सकती है, लेकिन प्रार्थना आस्था के बिना नहीं रह सकती।’’

एविला की संत टेरेसा ने लिखा था :

"याद रखो, प्रभु हम सबको आमंत्रित करते हैं; और, चूँकि वह स्वयं ही सत्य हैं, हम उन पर संदेह नहीं कर सकते। वे कहते हैं : 'जो लोग प्यासे हैं, वे मेरे पास आएँ, मैं तुम्हें पानी दूँगा।' अगर उनका आमंत्रण सामान्य न होता, तो वह कह सकते थे : 'आओ, तुम सब आओ, क्योंकि आकर तुम कुछ भी नहीं खोओगे; मैं उन्हें पीने को दूँगा, जिन्हें मैं इसके योग्य समझता हूँ।' लेकिन जैसा कि उन्होंने कहा था, हम सभी को इस शर्त के बग़ैर आना था, मुझे यक़ीन है कि कोई भी इस जीवन-जल को प्राप्त करने में विफल नहीं होगा। विफल तभी होगा, जब वे मार्ग पर बने नहीं रह पाएँगे।"

जब ज़ेन भिक्षु ध्यान करते हैं, तो वे एक चट्टान के सामने बैठ जाते हैं : ''अब मैं इस चट्टान के थोड़ा बड़ा होने की प्रतीक्षा करूँगा,'' वे सोचते हैं।

गुरु कहते हैं :

हमारे आस-पास की हर चीज़ निरंतर बदल रही है। हर दिन, सूर्य एक नई दुनिया को रोशन करता है। जिसे हम दिनचर्या कहते हैं, वह नए विचारों और अवसरों से परिपूर्ण होती है, लेकिन हम इस पर ध्यान नहीं देते कि हर दिन उससे पिछले दिन के मुक़ाबले भिन्न होता है।

आज, कहीं पर कोई ख़ज़ाना तुम्हारा इंतज़ार करता है। वह एक छोटी-सी मुस्कराहट हो सकती है, वह कोई बड़ी विजय हो सकती है, इससे फ़र्क़ नहीं पड़ता। जीवन छोटे और बड़े चमत्कारों से मिलकर बना है। कुछ भी उबाऊ नहीं है, क्योंकि हर चीज़ निरंतर बदल रही है। दुनिया में कोई ऊब नहीं है, ऊब केवल दुनिया को देखने के हमारे ढंग में है।

जैसा कि टीएस ईलियट ने लिखा था : ''हम अन्वेषण बंद नहीं करेंगे, और हमारे सभी अन्वेषणों का अंत वहाँ पहुँचना होगा, जहाँ से हमने शुरुआत की थी और तब हम पहली बार उस स्थान को जानेंगे।''

अनुवादक के बारे में

मदन सोनी हिंदी के लेखक हैं। आलोचना पर केंद्रित उनकी अनेक पुस्तकें प्रकाशित हैं तथा उन्होंने विश्व के कई शीर्षस्थ लेखकों और चिंतकों की बीस से अधिक पुस्तकों के अनुवाद किए हैं। मंजुल पब्लिशिंग हाउस के लिए उनके द्वारा किए गए अनुवादों में हरमन हेस का उपन्यास *सिद्धार्थ*, डैन ब्राउन का उपन्यास द *विंची कोड*, पाओलो कोएलो का उपन्यास *अॅल्केमिस्ट*, कीगो हिगाशिनो का उपन्यास द *डिवोशन ऑफ़ सस्पेक्ट एक्स*, युवाल नोआ हरारी की पुस्तकें *सेपियन्स : मानव-जाति का संक्षिप्त इतिहास*, *होमो डेयस*, और *21वीं सदी के लिए 21 सबक़* आदि शामिल हैं। आपसे madansoni12@gmail.com पर संपर्क किया जा सकता है।